完美关系

潇邦◎著

A
PERFECT
RELATIONSHIP

中国纺织出版社有限公司

内 容 提 要

本书针对当代年轻人婚恋中的困扰，从社会历史发展过程、当代社会经济及就业状况、恋爱心理及两性思维模式差异等诸多角度，通过实际案例具体分析产生问题的根源，提出建立两性完美关系的方法，具有一定参考价值。

图书在版编目（CIP）数据

完美关系 / 潇邦著. --北京：中国纺织出版社有限公司，2022.8

ISBN 978-7-5180-9689-3

Ⅰ.①完… Ⅱ.①潇… Ⅲ.①女性—婚姻—社会心理学—通俗读物②女性—恋爱心理学—通俗读物 Ⅳ.①C913.1-49

中国版本图书馆CIP数据核字（2022）第124274号

责任编辑：段子君　　　责任校对：高 涵　　　责任印制：储志伟

中国纺织出版社有限公司出版发行

地址：北京市朝阳区百子湾东里 A407 号楼　邮政编码：100124

销售电话：010—67004422　传真：010—87155801

http://www.c-textilep.com

中国纺织出版社天猫旗舰店

官方微博 http://weibo.com/2119887771

天津千鹤文化传播有限公司印刷　各地新华书店经销

2022 年 8 月第 1 版第 1 次印刷

开本：710×1000　1/16　印张：13.5

字数：188 千字　定价：49.80 元

序 言

人类社会一直是一个复杂且呈非线性的动态系统，两性关系在人类的意识形态中只占据了一小部分，但就是这一小部分却发展得多姿多彩，为人类的生活带来了诸多乐趣。随着社会的不断进步，我国女性对爱情和婚姻的看法渐渐多元化，女性在两性关系中也不再处于被动地位。我国女性的婚恋观从 20 世纪 70 年代起就一直在经历复杂的演变，70 年代盛行柏拉图式恋爱，男女双方从恋爱到结婚都遵从父母之意，80 年代的年轻人自由恋爱、婚姻自主，到了 90 年代和 00 年代，开始出现一夜情、网恋、裸婚等词。女性的理想择偶对象也从 70 年代的军人到 80 年代的知识分子再到 90 年代、00 年代的有钱人，一直在发生着变化。

对于两性而言，婚恋是一生中最重要的部分，其不仅是一种社会意识，更是汇集了一个时代的社会文化，也是一个时代的重要特征。马克思曾提出，人类社会的发展决定了整个社会的意识形态。也就是说，在人类社会的生活水平、社会关系以及社会存在不断发生改变的同时，人类的意识以及观念也会随之发生变化。我国人民受传统封建婚恋观影响已有数千年，虽然近年来随着经济全球化发展的不断深化，很多人也形成了新的婚恋观，但由于父辈沿袭了传统的家庭观念，年轻一辈在恋爱、结婚上依然受到巨大的束缚。尤其是大部分女性仍然将婚恋当作自己人生的主旋律，希望可以扮演称职的另一半。这也导致很多女性在婚恋过程中容易产生不平衡心理。两性在婚恋过程中不仅各自扮演的角色定位存在差异，对另一半的需求也有明显的区别，因此两性在婚恋过程中也必然会出现矛盾。

改革开放以来，我国进入了一个多元化发展时代，人们的生活水平日益提高，人们也各自明确自身有着更多选择，因此在对待爱情和婚姻上的观念也发生着巨大的变化。尤其是中国女性在家庭、在社会中的地位日益提高，经济日渐独立，而对外开放不仅打开了我国女性的视野，为其带来了生活上的便利，同时许多未经过滤的西方开放思想也深深影响了其婚恋观念。那么，新时代女性到底该如何与异性相处，又该如何经营自己的恋情和婚姻呢？这本书就带着各位女性一起来从两性完美关系中获取经验。

潇邦

2022年5月

目 录

第一章
来自不同星球的他和她

男女差异

　　从生物学角度来说男性和女性的性别差异是生物特征，但最简单的方式就是通过思维模式来区分男性和女性，这种以思维模式来区分的性别也被称为社会性别。随着社会经济和文化的不断发展，男女在社会的分工也开始分化，当男女有了性别意识后，其行为也开始潜移默化地围绕性别展开，到了18岁左右，男女都有了相当固定的变化，自此以后便有了明确的两性之间的界限。这里就不得不提一下性别角色这个词了，当两性都有了性别意识后就会出现性别角色，这是两性自我意识中最重要的一个部分，也是造成男女差异的主要因素。在社会性别理论中就提出过这一点，性别角色是两性之间不平等的实质。

　　这里面其实还存在一种关系就是性别文化关系，在男性女性的发展历史中，有很长一段时间社会的观念都是重男轻女的。这里就不得不讨论一个问题，那就是女性没有继承权的世俗观念。女性生来在获取社会资源上就存在劣势，而很多家庭的普遍观念是，只要家中有男孩子，那么家中的女孩子就没有继承权。这就意味着绝大部分女性在家庭经济情况不佳时难以获取父辈的资源。因为家庭需要优先满足后辈男性的需求，这也加剧了女性整体获得社会资源能力减弱的情况。

我在这里想说的是，为什么这种重男轻女的思想会如此根深蒂固呢？这绝不仅仅是文化方面的问题。因为如果仅仅是社会文化发展问题，那么世界上的各个国家在各个阶段的发展情况不应该是如此整齐划一的。如果一种社会情况仅仅来自文化，那么只要有相应的外力和地理条件去改变它，这种文化就会逐渐形成另一种文化。

我们再来说一说男女的差异，就绝大多数女性而言，婚姻和家庭是她们人生中最为重要的部分，因此她们需要通过与异性进行互动而获取情感上的满足。而男性在这一点上与女性就存在明显的差异，对于男性而言，他们更需要拥有足够的自我意识以及独立空间。

从表面来看，似乎男性对女性的情感并不敏感，甚至还显得更为迟钝。但也正是因为有这种差异的存在以及两性在心理上的差异，让很多夫妻喜欢将问题归结到爱和不爱上面来，从而使得两性之间的冲突和矛盾升级甚至是激化。其实所有的事情都不是单方向发展的，都可能会孕育出两种不同的结局。男女之间的差异可能会造成冲突，也有可能会帮助两性成长。对于那些善于经营两性亲密关系的人来说，他们更欣赏那些与自己存在差异的人。因为在每一个人的心中都是追求完美的，他人身上所存在的不一样的品质恰恰是对自己的一种补充。面对这种差异，真正正确的处理方式是认识差异、学习差异，从而接纳自己与他人存在的差异。因为只有这样，男女之间的差异才能够成为恋人之间的心理营养，促使两人在恋爱的过程中成长。那么在实际的生活和恋爱中，我们到底需要怎样做才能够处理好两性之间的这种差异呢？

我们首先需要做的是学会面对冲突，学会消化自己的情绪，尤其是在两个人发生冲突，双方情绪都处于一个非常激烈的状态时，我们很容易就将注意力放在对方不好的地方，从而忽视对方的善意和好的动机。所以我之前也在我的感情课堂——《真爱计划》中向大家讲述了这一点，有学员也从学习中把握住了真爱并顺利结婚，如今孩子也快要出生了。"回想起这些年的感情生活，从最开始的不如意，没有自信，经历坎坷，到上了潇邦老师的吸引课程，来到了新世界，找到了真爱，一步步看着自己成长，非常为自己感到高兴。我在最困难的时候遇到潇邦，他给我在真实自信的成长道路上指明了方向，教会我正确的方法。在此，我向潇邦老师的团队致敬。遇到自己的真爱，并用真诚的心赢得了她的芳心，现在两个人完全享受在彼此的爱当中。"经过学习，学员能够从男女差异中看到实际问题，可以感受到对方的好从而理解对方（更多情感问题请咨询 App——亲密关系情感，这里有专业人员为您提供情感咨询）。

言归正传。很多人不知道在实际生活中该如何处理男女之间的差异问题，我们上文讲到了一定要学会消化情绪。之前我在课程中也反复强调过，当情绪处于一个非常激烈的状态时，我们一定要优先处理好情绪，当双方的情绪都趋于平和，能够心平气和地说话时再处理事情、处理矛盾。比如，当我们发现和对方争吵时自己已经无法理性思考问题了，说出的话伤人，这个时候就很有必要叫一下暂停。先不要将情绪进一步扩大，要时刻提醒自己目前的情绪过于激动了，两个人完全可以先冷静一下，之后再来讨论具体问题。

女性在这一点上经常有思想误区，认为两个人本来要吵架把问题说清楚，突然要冷静自己难以接受，认为吵架可以，但是两个人不可以不说话。很多女孩认为如果两个人遇到问题不说清楚就不说话就是在冷战。其实不然。有时候遇到双方争执不下的问题，适当地冷静一会其实更有利于问题的解决。如果实在不想冷静，那么我们也可以与对方来讨论一下自己和他出现的情绪反应，与对方一起讨论交流为什么会出现这种情绪。这样的交流和讨论会让你和恋人的心离得更近，同时两个人也会更加了解彼此。其次是一定要学会倾听和妥协。两个人发生争吵后声音越吵越大，那大概是两个人都在用嘴来表达情绪而忽略了用耳朵倾听对方。

我们可以试想一下，当一个人不能够冷静地接收别人的信息时，对方即使说得再有道理、再天花乱坠也是没有用的。所以我们一定要学会在争吵中倾听问题，这样再来处理矛盾和问题就更加容易了。

很多时候之所以在一段亲密关系中产生不满情绪，是因为我们本身对于爱有所误解，因为产生了误解所以会有不满情绪。很多人经常会把爱理解为简简单单的被爱，在进入一段恋爱时更愿意将爱理解为被爱。要求对方要时刻关注自己的感受，关注自己的情绪变化，要时刻在乎自己的情绪并且尽全力满足自己的各种需求。这就完全属于一种索取思想，当我们一旦习惯了这种索取思想，就会将重点放在对方身上，时刻都在关注对方的动向。如果对方的所作所为不符合自己的期望，就认定对方不够爱自己。但这并不是真正的爱，真正的爱一定是爱和被爱一起作用的结果，是双方相互给予的状态。如果我们能够这样去理解爱，去对待自己的另一半，你就会发现原来在恋爱中产生的这些问题都不是问题，解决起来竟然如此简单。

两性扮演的不同性别角色并不是完全取决于其生理结构不同，很多差异都是后天逐渐形成的。这种差异在小学时很难看到，一般都是到了中学后，我们会发现男生逐渐变得体贴了，脏活累活都不用女生动手，但在小学时就很少出现这种情况。而男生也经常会听到周围人这样劝告，"算了算了，对方是女生"。好像在人类社会活动之中，无论男女，潜意识里会默认女性为弱势群体，即便是现在互联网上充斥着男女平等的口号，但实际上社会对两性的不同评价，比如男尊女卑等性别成见和认知，都是随着社会发展存在的，女性要真正做到与男性平等还需要很漫长的过程。

男人来自火星，女人来自金星

很多女性可能都听过这样一句话，要证明自己的伴侣是否合适就跟他一起出去旅游，如果两个人在旅游过程中没有发生非常大的分歧，那么就可以和对方继续走下去。说到旅游这件事，想必很多男性同胞都叫苦不迭，一听去旅游整个人都不好了，跟女朋友一起去旅游就意味着自己要当司机，当导游，当摄影师，还要当苦力。

那么男女在旅游上到底存在哪些不同呢？我们先从男女旅行的目的说起。女性想要去旅游的理由非常多，比如工作不顺心了想出去散散心，比如最近在网上看到一个网红打卡点想要去拍照，比如一时间想要吃某地的美食，等等。但男性去旅行原因只有两个，要么是到放假时间了可以去放松，要么是女朋友要去自己得陪着。很多情侣在一起旅游后不是吵架就是要闹分手，主要原因就是在旅行过程中两个人的意见经常不统一，男性天生好简单，对美食和住宿的要求也不多，但女性在外旅游的时候要住特色酒店，旅游的景点要能够拍出美美的照片。为了在旅游时能够吃自己想要吃的，玩自己想要玩的，女性往往会在旅游前几天在网上到处搜索攻略，把旅游行程安排得满满当当的，对旅游第一天、第二天以及第三天要做什么、吃什么、住哪里都规划得井井有条。而男性基本在旅游前是不会做任何攻略的，一般就是走到哪就算哪，吃啥住哪也根本没有具体的需求。

苏州大学的研究者做过一个有意思的调查，该调查是对中日韩三国的性向词汇进行数据统计。所谓性向词汇就是对人的评价词汇，性向词汇可以反映出人的性格特点，对待事物的态度，日常言行以及品德。以性向词汇作为调查的切入点，可以了解中日韩三国男女对人评价的意识共性，也能够诠释、解读两性之间的差异。

我们首先来看中国男性不重复词汇量排名前十位的男女差异，排在首位的正向评价——比别人都努力的人，第二位的是中性评价为个性强的人，第三位到第十位分别为做事快、很得要领的人（正向）；事多、不好相处的人（负向）；善于交际、好接触、好相处的人（正向）；大方的人（正向）；做事磨蹭、不得要领的人（负向）；爱发脾气的人（负向）；话很多，喜欢闲聊的人（中性）；做事不认真的人（负向）。然后我们来看中国女性不重复词汇量，排在首位的是比别人都努力的人（正向），排在第二位到最后一位的词汇分别是善于交际的人（正向）；要强的人（中性）；大方的人（正向）；能干的人（正向）；嫉妒心强的人（负向）；不务正业的人（负向）；愚蠢的人（负向）；有眼力见儿、办事周全的人（正向）；事多不好相处的人（负向）。

从中国男性、女性的排名前十的评价词汇我们可以看出，男性属于正向评价的词汇前十中有 5 项，女性属于正向评价的词汇前十中也有 5 项。但女性评价中属于正面评价的词汇排名要比男性更高一些，其中有 5 项评价属于男女共有，其余 5 项则是男女独有的。这说明目前我国男性和女性在对人评价方面虽然存在很多的共性，但也因为性别差异存在明显的区别。其根本原因是男性和女性对于性向行为的关注点各有各的不同，因此侧重的程度和方面也表现出明显的区别。在男性独有词汇中，磨蹭、会做事、做事不认真主要是与人的工作能力密切相关，这代表在男性的认知中，更加关注别人在对待工作和学习上的态度和能力。女性则与之相反，女性独有的评价词汇主要集中在对人的品德和个性优劣的评价上，尤其是排名第六的评价——嫉妒心强的人，这也是非常代表女性特点的评价词汇，反映出女性评价他人侧重的点，这主要是因为男性和女性的社会角色不同，因此社会期望也会出现差异。

虽然随着全球经济和科技发展，女性的地位在社会上也越来越高，这得益于女性在不断地与社会传统进行颠覆和反抗，目的是提高女性的社会地位和消除性别歧视，也逐渐成为目前国内社会的思潮，国内多数经济发达地区女性早就摆脱了劣势地位，实现了真正意义上的男女性别平等，但两性之间存在的传统差异依然存在。改革开放以来我国社会的性别差异模式一直在不断发生变化，随着时间的不断推移，无论是在教育中还是劳动以及就业方面，性别差异也在不断缩小，但实际上性别差异的缩小并没有直接影响到性别差异之间的收入。

国内有大量调查两性收入的研究，其中绝大部分研究都得出一个结论，那就是我国当下社会中女性的收入仍然与男性的收入之间存在非常明显的差距，且有不断扩大的趋势，这似乎与很多人的认知相违背，甚至与逻辑推理和经验现实之间也产生了矛盾。首先说教育，在这方面我国依然存在明显的获得性别差异，从很多研究调查来看，主要可归为现代化理论、传统父权制观念以及家庭理性决策。

首先是现化理论。自经济全球化发展以来，就有人提出现代化理论。有学者认为，随着社会现代化的发展，传统教育的结构也会因此发生变化，第一个变化就是人们对于教育的需求和重视程度在不断提高，随之而来的就是社会产业结构的不断调整和一些新的教育技术出现，这也使得人类劳动专业化程度在提高，大部分产业对于拥有知识水平和技能水平的劳动力需求激增。

从目前各国政府对待教育的态度来看，一些发达国家和发展中国家都在不断增加教育事业的财政投入，社会群众也因此可以免费获得大量受教育的机会。因此在当前社会中随着国家的经济发展，因性别歧视、家庭地位歧视等先赋性因素对男女受教育的影响正在不断缩减。其次是传统父权制观念。我国群众深受重男轻女思想禁锢，而我国传统的父权制观念本身具有男女性别歧视观念，中国有句古话叫作：头发长见识短，这也代表从古至今我国社会都存在女性的工作学习能力不如男性的偏见。

在改革开放前，农村家庭的父母大多不愿意为女儿提供更多的学习资源，加之受传统思想的制约，很多父母奉行"女子无才便是德"，因此在家庭中父母对于女儿的期许更多是可以照顾家庭，对儿子的期许才是养家糊口。在这种传统思维的影响下有的父母认为让女儿去接受教育会让她们更加恃才妄为，甚至会逾越规矩。另外在这种父权文化的输出下，很多女性从小就对自身的角色进行了固化，降低受教育的意愿，并且她们还将这种意愿传递给下一代，让父权观念不断生产传播。

最后是家庭理性决策。子女该接受什么样、什么程度的教育多半是由他们父母直接决定的，因此在家庭资源有限的情况下，很多父母会选择将教育投资集中放在能够带给他们更多回报效率的儿子身上。

从我国目前劳动市场的运行情况来看，大部分男性的平均工作时长会明显高于女性，并且在经济发展一般或落后的地区中，女性在劳动市场也经常会受到歧视，被分派到收入比较低的岗位之中，甚至有的单位出现男女同工不同酬的现象，因此很多来自农村地区的家庭更愿意让家中的儿子去接受高等教育。从赡养老人的角度来看，很多父母受传统"嫁出去的女儿泼出去的水"这种观念的影响，认为女儿结婚之后就会脱离原生家庭，赡养的义务主要是由家中的儿子来承担，因此在对待儿子时，其更有动力将资金投入到儿子的教育之中。特别是在改革开放初期，资源比较匮乏，在大多数农村家庭甚至城市家庭中，女性获得教育机会的可能性要明显低于男性。

从很多调查资料中我们不难发现，虽然随着时间的推移我国的经济发展在持续增长，并且劳动参与比例和受教育程度之间存在的性别差异在不断缩小，但男女之间因性别差异存在的收入差距却在持续扩大。

首先是目前社会人力资本对于促进就业的作用仍然处于减弱状态，这样的局面会导致低学历人群虽然很容易进入劳动市场，但同时一些高学历女性进入劳动市场的竞争能力也会受到削弱。随着女性受教育程度的不断提高，女性对就业的选择也变得更加理性，拥有较好家庭经济条件的女性更倾向于退出劳动市场，而家庭经济条件差的女性会迫于经济压力回归劳动力市场，由此导致女性整体就业层次不如男性，收入自然就比男性更低。

其次是目前因性别差异所致的收入差距正处于一个分层结构，这种差距在体制内的国有企业和事业单位中几乎不存在，但在体制外的私有企业和外企中却在被不断拉开。这也是为什么近年来考公务员的人数越来越多，其中不乏高学历的女性，因为有越来越多的女性更倾向于选择体制内的工作来回避性别歧视，以此来获得与男性对等的收入回报。但是在体制外，就业女性的人力资源并不能够得到充分的发挥，并且体制外企业对女性员工的性别歧视越来越严重，导致体制外男女之间的收入差距在不断被拉大。

男性和女性之间存在的差异虽然源自生理方面，但无论是思维、社会评价、还是社会收入等，男性和女性之间都存在一定的性别不平等情况，社会，家庭对经济的期许大多集中在男性身上。这就是为什么当今社会的男性所面临的社会压力、工作压力以及家庭压力会比女性更多，因此受传统思想的影响，相比其他国家我国男性和女性之间所承受的来自社会、家庭、工作的压力要更多，女性在抱怨性别歧视的同时，男性也在抱怨压力不平等。这样的社会背景让男性难以真正理解女性，女性也无法真正赞同男性的认知。

真心爱你的人有四种反应

我们都知道，两性关系并不是简单意义上的男欢女爱，它不仅涉及外貌、身材，还有一种更高层次的追求，那就是精神上的契合。我们常说女人才懂女人，男人才懂男人，女人和男人之间是很难互懂的，那么在建立一段亲密关系前，我们又该如何确定对方是否真正爱自己呢？真正爱自己的他／她又该是怎样一种状态呢？这里我们不得不提到约翰·格雷，也就是《男人来自火星，女人来自金星》一书的作者，其在书中曾提到："人在恋爱的时候会产生四种反应，分别为身体反应、情感反应、心理反应以及精神反应。"

首先是身体反应，简单来说就是性欲。很多刚确认关系的恋人通常会表现得非常亲密，甚至两人无论走到哪里都随时要有身体接触，或拥抱或牵手，这就是我们所说的热恋期间，处于热恋期的两个人都是如胶似漆、蜜里调油。从热恋期的情侣我们可以看出，判断一个人是否爱你，可以从他／她的身体反应看出来。因此女性和男性之间存在的最原始的吸引力其实就是性吸引，所以这也是一个人的爱最直接的反应，不掺有其他任何杂质。很多男性应该也有所体会，比如在约会的时候会情不自禁地想要亲她可爱的脸颊，在与她一起散步的时候想要将她拥入怀中。因为爱所以会忍不住想要靠近对方，因为爱所以在见到对方的时候就会抑制不住地想要亲近对方，对于热恋的情侣来说，没有什么比一个拥抱更加能够诠释情感了。

其次是情感反应，很多人对爱情都存在错误认知，就是真爱只能是日久生情而不能是一见钟情，但其实真爱是存在一见钟情的。有时候人就是一个非常简单的生物，爱情也一样，当一个符合自己对另一半所有想象的人出现在我们面前时，我们就会认为他惊艳了我们，之前人生所有的时光都是为了等待他／她的到来。可能周围的人会觉得我们大惊小怪，但在我们眼中，就是有这么一个人，即使他／她什么都不做，只是站在那里，也会让我们觉得世间的一切美好也不过如此。而我们之所以会产出这样的情感，原因是在过往的单身岁月中我们曾无数次在脑海中想象过我们理想情人的样子，并在之后的岁月中一次又一次对他／她的形象进行丰富累加，当我们在生命中突然遇见了一个能够满足之前所有想象的人时，我们就会恍然大悟，原来自己一直等待的人就是他／她，只要见到就会爱上。这种反应就是情感反应，由情感反应我们会对另一半产生爱慕之情。就如同《大明宫词》中太平初次遇到薛绍："我从未见过如此明亮的面孔，以及在他刚毅面颊上徐徐绽放的柔和笑容。我十四年的生命所孕育的全部朦胧的向往终于第一次拥有了一个清晰可见的形象。我目瞪口呆，仿佛面对的是整个幽静的男人世界。"

李宗盛有首歌是这样写的："爱恋是一场高烧，思念是紧跟着的好不了的咳。"所以当我们真正爱上一个人的时候，时刻都是想要见到他/她的，并且每时每刻都想要陪伴在他/她的身边。因为只有两个人在一起才会感觉到心安，就算仅仅只是待在一起，不需要有过多的言语，整个空气中都会弥漫着甜蜜的爱情气息。每一次见面分开后就会倍感思念，内心的情感如波涛汹涌，思念的感觉非常强烈。

再次是心理反应。俗话说，物以类聚人以群分，我们大多数人都更愿意和自己性格相似的人在一起。心理学上管这种行为叫作吸引力法则。简单来说，就是当我们把思想汇集到某一个特定区域内的时候，和我们具备相同思想的人会被我们吸引而来。我们是什么人来的人就是什么人。在两性关系之中，两个人具备相同的性格和做事风格的话，那么差不多这两个人是在一个相似的生长环境下长大的。相似的生长环境让两个人的性格相似、三观相似，于是两个人就会表现得非常融洽，感觉是在一种极其相似的前提下两个人不知不觉地走在了一起，两个人也会因此不断拉近与对方的距离，并不断强化双方的关系。不只是恋爱，我们交朋友时也是如此，你有没有发现性格开朗活泼的人更容易吸引性格开朗活泼的朋友，而性格内敛的人则更容易吸引那些安静的人，两性关系中这种吸引方式仍然适用。因为在察觉对方和我们有非常相似的地方时，我们就会不知不觉地产生想要了解对方的兴趣，不断拉近和对方的距离，同样对方也是这样的想法。于是乎，当两个人的兴趣度达到了一个同样高的水平的时候，两个人之间的感情就更容易得到升华。

最后是精神反应。精神反应是两性创造出爱情的关键反应。为什么这么说呢？作家朱耀燮曾经说过这样一句话："男女之间真正的爱情，不是靠身体或者精神所能实现的，只有彼此的身体和精神达到相互融合的状态的时候，才可能实现。"所谓精神反应，其实就是我们常说的灵魂伴侣，灵魂伴侣同频共振、同质相吸，这种情况可遇不可求，当我们遇到灵魂伴侣的时候就产生冥冥之中自有天意的感觉。灵魂伴侣无论做什么都可以达到一个非常高的默契度，两个人在恋爱过程中几乎是不需要经历磨合期的，他们在外人看来十分般配，并且默契程度是很多普通情侣磨合很久都难以达到的地步。

精神反应就是两个人的灵魂发生了共鸣，就好像两个人在黑夜中都可以自由行走，并且有信心去突破黑暗。在这个世界上，始终都存在着一种从精神层次出发的爱情，这种爱情不会受世俗的羁绊，更不会存活在别人的眼光里，这种爱情因幸福而生，所以也只有那些真心相爱的人才有机会去体验和拥有。

第二章
两性思维模式差异

感性的她和理性的他

男性和女性由于天生存在非常明显的生理差异，因此在看待事物的时候其所持有的看法会有所不同，因此男性和女性在恋爱过程中就很容易出现矛盾。有些男性经常会聚在一起开玩笑说永远不知道女朋友是为什么生气，女性也永远不知道为什么男性对于游戏永远热情那么高，一天可以坐在电脑前玩十几个小时的游戏都不跟自己说话。举个无论是生活中还是电视剧中都经常会出现的片段，就是一对情侣晚上躺在一张床上，女生生男友的气把被子拽到自己的一边，认为男友盖不到被子就会转过头来哄哄自己，这时候男生就没有办法领悟女生的想法，认为女生生气了不给自己被子作为惩罚就不作声，结果就导致男生冻了一晚上以为女生气消了，女生看男生一晚上都没有来哄自己第二天起来更加生气，矛盾越演越烈。这种情况其实都是因为男性女性之间的思维模式存在差异所致的。

男性和女性在谈恋爱的时候关注的事情大为不同，女性在恋爱的时候会将超过一半的精力放在两性相处和交友上，另外大部分精力则放在文化娱乐、家居生活、孕产育儿以及流行时尚上面。而男性在恋爱的时候大部分精力则主要放在体育运动、汽车、电子产品、电子游戏以及户外旅游上面。

从恋爱中的喜好来看，男性更喜欢那些需要花费很多时间集中精力的娱乐项目，而女性在恋爱过程中则更注重两性之间的交流。无论是在生活中还是工作中，我们都常听到人这么说：男人永远是理性的，女人永远是感性的。这句话其实直接揭露了男女无论是在恋爱中还是生活工作中都存在非常明显的思维差异。

对于男性来说，无论是恋爱还是工作生活都更加关注结果，而对于女性而言其更加注重完成一件事的过程以及这个过程给她带来的感受。因此很多女性在恋爱过程中一旦在外受了委屈，她们第一时间想到的就是马上找男友诉苦，大部分女生都认为遇到委屈找男友诉苦不是要求男友帮自己解决而是希望从男友那里得到足够的安慰。但倾听别人诉苦这件事对于男生来说就难以理解了，很多男生认为既然事情都已经发生了，诉苦根本解决不了任何问题，所以男生不能理解为什么女友一定要找自己诉苦，也不知道面对女友的诉苦自己该如何安慰，甚至很多男生根本不知道为什么女友会感到委屈。

女性是天生的倾诉者，在多人聚会中我们总是可以看到几个女性围在一起叽里呱啦讲一大堆，而她们的男友通常都会在一边默默地玩手机，很少有男性喜欢聚在一起讲话。这种情况就导致很多男性认为女性喜欢啰唆，而女性认为男性太过冷漠。很多男性在恋爱过程中最苦恼的就是女性为什么总是喜欢反复问自己是否爱她，男性认为这个爱不爱的问题我已经反复回答好多次了，为什么还要一再询问。其实很多女性在跟自己男友说话的时候真正想要表达的意思有很多，但男友实际能够领悟到的意思却非常少，并且很多男性在跟自己女友表达的时候，只有一个意思，但女友领悟到的意思却更多，这就会导致双方出现分歧和矛盾。

女性在恋爱的时候一定要谨记一件事情，那就是男性的思维是非常单一的，女性在与男性交谈的时候很容易对话语进行联想，但男性是没有女性这样的联想能力的。比如男友做了一件令女性非常生气的事情时，很多女性都会选择直接质问男友你知道你自己做错了什么吗，通常情况男性只会是一副迷茫不知所措的样子表示自己不知道做错了什么。

男性也要明白一件事情，那就是当女性说你做错了事情时，并不是单单是指你做错的这一件事情，而是因为这件事情所牵扯到的其他事情和态度。我们经常刷抖音时会看到一些情侣和夫妻相处的日常生活斗嘴小视频，很多夫妻和情侣之间吵架起因都是因为一件小事，男性就会对这件事和女生据理力争，而女性通常都会从这件事情牵扯到无数个之前的小事。男性心里就很苦闷，明明大家在讨论这件事情，怎么女性就突然要争论以前过去很久的事情。

我的朋友 A 跟我抱怨她男友每次上厕所都不愿意把马桶盖掀起来，导致她每次去厕所时都需要先清理马桶再上厕所，结果她和我抱怨没多久就传出她和她男朋友分手的消息了。她说有一次加班到半夜 11 点特别累，回到家之后已经是深夜 12 点过了，回到家发现男友随便脱在门口的鞋，气不打一处来，准备到厕所洗漱时，发现男友上厕所又没有掀马桶盖，她瞬间崩溃，跑到卧室把男友吼起来大吵了一架。男友觉得她不可理喻，就因为没掀马桶盖就要将他从睡梦中叫醒来吵架；女生则认为男友根本没有将她说的话放在心上，加班那么晚男友只顾自己睡觉也不起来陪陪自己，觉得很委屈。我们都劝这个女生她男朋友可能也没有意识到这个事情的严重性，两个人坐下来好好沟通就可以了。但是这个女生坚决不原谅男友，因为通过这件事情她认为男友在以后的相处中都不会在意自己的感受，那些生活上的恶习性也难以改掉，以后是没有办法再好好在一起的，她男友到现在为止都觉得这件事情是小事，认为女生小题大做。

　　你看这就是男性和女性之间存在的明显的思维模式差异，女性更容易透过生活中的一件事情看到更深层的东西，而男性往往只能够看到事物的表面意思，不愿意也很难再往深层去想。男性和女性的这种差异不仅仅是两性生理不同导致的，更是心理上的区别使然。女性天生就缺乏安全感，无论是在恋爱还是婚姻中都很容易变得比男性更加敏感、更加脆弱，因此需要男性给予更多的关爱和呵护。而女性所求的这种关爱与呵护并不是男性单单一句"我爱你"就可以满足的，更多的是需要男性在相处的日子里用行动去证明"我爱你"。

避免不必要的争吵

很多情侣和夫妻会在购物时发生分歧，男性和女性在选择商品的时候男性更加关注商品的实用性，而女性则更加关注商品是否具有较高的审美价值，即便是这个商品外表非常好看但没有什么实际的用处，女性也愿意为此花钱。

之前我有一位异性朋友，想要更换她的台式电脑，就在群里问我们买什么电脑比较好，我们在网上给她找了很多款性价比特别高的组装机，她都摇头。我们以为是选择的电脑配置可能不符合她的要求，问她为什么不满意，她却说这些电脑的样子她都不喜欢，然后她给我发了一个链接，是一个配置非常一般的组装机，但是配了粉红色的 HelloKitty 机箱和跑马灯。于是我就向这位异性朋友解释，如果你只是想要那个粉色的机箱和跑马灯，你完全可以在淘宝上淘一个不过 100 块钱左右，再将其他配置组装进去也一样好看，结果这位女性笑着说，不用那么麻烦，我看这个就挺好看，还不用我再亲自装。你看，女性在买东西的时候，只要是她认为值得的、好看的商品，就会买下来，并不会考虑这个商品的性质和实用性。而男性就不一样，我身边的男性朋友往往要买一件东西非常明确，需要就马上去买，买的时候绝不再购买其他附属产品。而女性购买商品大多临时起意，是否真正需要这件商品反而显得不太重要，这样就会与男性在购物的时候由于考虑的方面完全不一样而争吵。

要避免这种争吵，无论是男性还是女性，首先需要明白男女之间的思维模式有怎样的差异，比如说为什么女性对待性非常挑剔且谨慎，而男性为什么大多数对待性就非常随意。当然说到性的时候，并不是要男女形成性别对抗，无论是男性还是女性首先需要意识到男女本身就是不同的，是与生俱来很难改变的，然后双方先站在自己性别立场分析自己的优势是什么，该怎么在保持自己独立的同时也可以很好地依靠对方，彼此达成合作和互相依靠的关系。人类社会中的每一个人从来都不是独立的个体，都需要通过不断与社会接触合作才能生存，对于情感而言亦是如此，婚姻亦是如此，只有深刻地了解到男性女性之间的差异双方才能心平气和地坐下来慢慢谈问题、谈合作，如果男女之间没有合作，那恋情、婚姻又何谈愉悦呢？要在这种较大思维差异下经营好男女之间的感情，就必须做到以下几点。

第一点是给予男性足够的独处时间，在女性想要倾诉时当一个忠实的倾听者。这句话看似简单，实际很多男性女性都难以做到，网上流传一句话叫"男人的快乐就是这么简单""男人至死是少年"，这两句网络流行语并不是毫无根据，恰恰相反，正是男性最真实的写照。对于男性而言，其所肩负的生活压力和工作压力都比女性要更大一些，在面对这些压力的时候，很多男性都会选择将所有注意力集中到一起去解决一件事情，在这个过程中他们很难再关注外界的事物。这就是为什么很多女性会疑惑，为什么自己的男朋友在打游戏的时候经常会听不到自己叫他，打电话过去也是心不在焉地回答几句就匆忙把电话挂了。有些女性每次面对男友这样忽略自己就会气不打一次来，恨不得马上冲到对方面前将他的游戏关掉。在这个时候女性需要多思考一下，男朋友是不是最近有什么烦心事了，是不是最近我没有给他自己独处的时间了，先想明白这个问题，如果最近确实男友工作压力大，也有很长一段时间没有一个人独处玩耍了。那么女性这时候需要做的就是什么也不要问，什么也不要说，给男友一个充分独立安静的环境让他玩个够。在男性极度烦躁的时候，他更需要的是独处而不是密切的问候，需要在一个足够安静能够不被外界所打扰的环境下做一件事情。

而女性在面对工作压力和生活压力的时候，往往会心情烦闷，是很难一个人独自安静待着的，如果她这些负面情绪不能够得到有效的宣泄，那么就会郁结于心，很容易因此产生各种妇科疾病。因此女性在遇到压力时，急需一个忠实的倾听者来听她们诉苦，和她们一起商量遇到的问题细节，帮她们分析问题的原因，这样她们才能将心中的苦闷和烦躁发泄出来，从而缓解压力。因此各位男性在女友生气的时候一定要陪在她身边，不是给她时间冷静，要全神贯注地倾听女友的诉说，在女友倾诉的过程中要时不时表示支持和理解，让女友感觉自己所说的话是被足够重视被理解的。

第二点是让男性感到被需要，让女性感到被爱。男性和女性天生思维方式不同，因此在感情中所需要的情感也有所不同。男性从小就生活在一个竞争环境之中，什么事情都想要争个输赢，因此事情的胜负是所有男性关注的重点。对于男性而言其更希望在一段恋爱关系中得到女方的肯定，希望被需要被依靠。

随着女性独立平等思想在我国的普及，很多新时代女性有了独立自主意识，无论是在工作还是生活中都能不依靠其他人独立做事。因此现代女性经常会将这种独立意识带入感情之中，然后变成了双方争执不下，男性认为女性过于强势，女性则认为男性不站在自己角度思考问题。其实双方都没有错，女性独立意识也没有错，并不是女性在恋爱中向男性示弱了就是男女不平等了，我要在这里纠正一些女性的错误认知。让男性感到自己被需要能够保护女性，并不是要放低自己的姿态，而是选择一种柔和的态度去经营感情。男性和女性在亲密关系的相处中难免会出现各种各样的争吵和打闹，这些事情的起源都是因为情侣双方对待同一件事情有着不同的看法，而无法理解对方的言行，更不明白对方的需求。我们先来看一个非常简单的例子，一个姑娘在工作上遇到了麻烦，回到家还需要连夜加班，男朋友看见就说别工作了，实在太累就辞职吧，我养你。姑娘一听就来气了，说你拿什么养我，现在这个社会走到哪不需要钱啊，我不工作了你养我让我看你脸色吃饭啊。男朋友一听也不乐意了马上就说随便你吧，说完就去睡觉了。姑娘觉得自己很委屈，工作又忙又累，男朋友只会说一些不切实际的话，而且她认为女性就应该有自己的事业，如果一味地依附对方那结局必然是不好的。女方说的没有问题，但其实面对男友说出不切合实际的承诺的时候，如果不能够表示对对方有足够的依赖，而是强势地反驳对方，那么不仅会挫败男性的自信心还会让双方心生间隙。面对这种情况，女性该怎么回答男性呢？首先要表达自己对其的肯定和需要，比如这个姑娘如果这样说，我知道你心疼我，但是我们现在还属于奋斗期间，如果我不挣钱那你一个人多累啊，等你哪天能挣更多钱后我再休息吧。一看这样既没有放低自己的姿态又能让男友感觉到自己被需要，也表明了自己要有事业的意向，男友一听这话双方的关系只会更加亲密。

第三点是面对问题，注重关心女性的情绪，帮助男性解决问题。很多情侣都会有这种感觉，明明我们在讨论一个问题一个事情，为什么总感觉不在同一个交流频道上。我们来看一个常见的例子，两个女性在迎面碰到之后，两人的目光会将对方从头看到脚，对方穿什么、化妆怎么样，等等。这其实是女性下意识的行为，因为女性更加在意看其他女性比自己哪里好，而男性根本不在乎。这个时候男性需要做的就是不断地赞美女性，让她感觉到你对她的重视，对她情绪的关心。

而女性面对男性提出的问题的时候，就不要去关注情绪，注意男性想要表达的目的，要做的就是帮助他们去解决这个问题。比如男性说今天晚上要加班做一个项目，女性这时候不是要说亲爱的，你们老板好讨厌啊之类的话。这种情绪的认同大部分只适用于调节女性，而男性关注的是今天要解决工作上的事情。所以在这个时候他们渴望的是你可以帮他们解决问题，怎么解决呢？比如女性这时候可以说，那亲爱的你忙吧我不打扰你了，等会我给你做好吃的，给你切点水果。

总的来说，两性相处时想要避免不必要的争吵就一定要明白男女需求上的差异，把握这一点才能够回应对方想要的东西，这样双方才能不失望，相处的时候不失望了又怎么吵得起来架呢？

第三章
两性爱情观冲突

爱情观与美

　　爱情和美是两个统一的事物，虽然它们的表现形式各有不同，但其本质是高度一致的。可能我们每个人的爱情故事都不尽相同，但所有爱情的导火索都是相同的，那就是两个人互相满足对方的审美理想，简单点来说，爱情是因为双方互相成为对方的审美对象而产生的产物。奥地利著名的伦理学家阿德勒就说过，当一个人可以正确解决爱情或者婚姻之中出现的问题时，那么这个人的人格会呈现得最完美。两性互相产生爱意的时候，对于他们而言不仅仅是收获了爱，更是获得了人格自由和美，美是所有人类内在的东西，而爱则是美的载体。

　　我曾读过一本书叫《男论》，书中有段话令我印象非常深刻——"这个世间的所有生物包括人和动物所共有的特点是性欲，在很早之前人类是不懂爱情的，更不知浪漫为何物，那时候的人类对浪漫没有向往之情。但无论对于人类还是动物而言，性欲都是没有高低贵贱之分的，而爱情却因为人类的行为不同会出现差异。性欲可以满足人类松弛的肌肉，让人类的人格得到升华。性欲被满足的人他们更容易继续追求爱情、向往浪漫。若说性欲是戏剧性的，那么爱情则是富于诗情画意的，如果说性欲的目的是人类为了追求短暂的刺激性快感，那么收获爱情的人就能获得持久的温情。"所以爱情和性欲虽然本质相近但也存在区别，我们可以将性欲看作人类的一种生理尺度，是一种出于生物天性的本能冲动，是天性使然，但对于爱情我们更多将其看作一种至真至纯至美的情感。

《性审美学》一书中也曾这样描述性和美："人类的文明发展为人类带来了性爱和新美感，这两个事物都是情爱的产物，人类的情爱随着社会的文明发展早就从最初的单纯性快乐逐渐转化为了审美的性快乐。只有一对真心相爱的男女他们之间才可以构建出既源于性欲又能高于性欲的审美关系，当性欲完全被情爱所灌注之后，性快乐就会蕴含出源源不断的美感以及魅力。因此在这种虽然源发于生物本能但又能自然高于生物本能的情爱之中，才能产生真正令人心醉的美。而我们所谓的性爱美，其实就是建立在情爱之上并不是生物本能一时之间所产生的性冲动，若是将性爱的主体想象成一个完全围绕情爱关系所构造的一个关于美的世界，那性爱就是将这一起拉入情爱中，使得所有两性情爱关系都能够获得真正价值的产物，这样的情爱不仅可以创造美，其创造出的美还能制造情爱。"这些说法无疑都在证实着美与爱具有统一性。

很多女性以为男性是单纯的视觉动物，对待爱情所求只有性欲，既往的种种迹象证明好像确实男性更多关注性生活，但却没有考虑到这些关注性生活的男性是不是真的拥有一段真正的爱情。我们常听到的俗语"情人眼里出西施"其实是站在男性的角度来看的，那么为什么很多女性以为的视觉动物会有"情人眼里出西施"这种行为呢？男性为什么会因为爱而觉得女性更加美丽可爱呢？

答案很简单，用一句话便可以概括，那就是因为可爱而美丽，而不是因为美丽而可爱。男性眼中的可爱不仅仅是对女性外貌的一种评价，而是对一个女性整个个体的全面评价。女性的可爱完全契合男性的眼光，那么在这个男性的眼中，这个女性就是完全符合自己对另一半审美要求的对象，这时候男性所认为符合自己内心标准的对象可以与自己产生灵魂深层次的交流，这时候爱情不再只是流于表面，更趋于达到精神层面的交流和沟通，然后女性在逐渐与其产生亲密关系的过程中，男性就会逐渐开始觉得女性非常可爱。这个可爱要求女性不仅要有好的一面，必须言行也是美好的，如果这个女性长得很美但是言行非常可恶，那么不仅是男性，其他人也不会对其产生很美的感觉，男性也更不可能会对她产生恋爱的冲动。

在恋爱的冲动强烈熏陶下，男性会感觉这个女性的美燃烧到了极致。但这个女性仍然是这个女性并没有发生任何改变，只是在男性的眼中变得与其他人不同了，因为这个女性寄托了这个男性的所有理想、情爱甚至他全部的精神追求，是其他女性完全无法比拟的。当然在这个结论中存在一个悖论，就是要求达到男性眼中的可爱女性是不是要有一定美的基础呢？虽然我们并不排除美是女性变得可爱的前提条件，但"可爱"这个词本身就包含审美的含义，一个女性的长相、风度、气质以及她在日常中表现出的种种言行举止，都是一种审美的体现。当一个女性无论是从外形还是言行上都表现出和一个男性理想形态极度契合的情况，那么这个女性就很容易成为这个男性眼中的极度美，也就是那句俗语"情人眼里出西施。"

男性的爱情观很简单，无非就是希望另一半既美又好，按照《说文解字》来看，美，甘也，从羊从大。好，美也，从女从子。什么意思呢？在古代，美主要是指食物肥厚甘醇，而好主要是泛指女性的窈窕美貌，因此古时候常将好于色和性挂钩。通过对我国古代汉字美的考证和相关研究，日本就有一名汉学家发现了中国古代的审美意识并由此得出一个结论，那就是中国人最初对于美的意识可以用一句话囊括，就是指某种对象所给予的肉体或感官的愉悦感。也就是在中国古代，人们对于美的评判最初主要还是依靠于感觉，如果一个女性可以从生活各个方面让男性感到了自己生存的价值并因此充满活力，那么这个男性就会评价这个女性为美。

随着文明的不断发展，"美"和"好"这两个词的含义也在不断发生演变，最终才形成了我们当下所看到、所理解到的美和好。在当今社会中，美主要是来形容一个女性形貌好看，是一种外在形式表现，也是一种自然且客观、绝对的评价。而对于好，则主要是指一个人的品行好，侧重于善和德，是一种内在形式表现，也是一种社会的、主观的评价。男性可以从"美"和"好"两个词衍生出两种爱情，这两种爱情其一就是我们所说的一见钟情，而另一种则是日久生情。

一见钟情还是日久生情

我们先来说说一见钟情。所谓一见钟情，就是在第一次见面的时候就完全被对方的美所吸引、征服，在这个前提下两个人迅速产生了爱情，并都认为对方是自己的梦中情人。对于梦，弗洛伊德早就下过定义，他认为梦其实就是一个人性欲的表现，因为梦是一种无意识的冲动。那么一见钟情的发生往往是在双方主体没有意识产生了冲动且双方的理想对象完全符合的前提下。因此两性在一见钟情的时候，对对方的美所感悟是最为直观的，也多体现在对方的外表上面，更多的是因为对方的容貌美。因为一见钟情的主体其实对对方并没有足够的了解，更不会在第一次就充分考虑到对方的才学、品德、素养以及德行，所以一见钟情所泛指的美基本上与对方的内在美没有关系。

在实际生活中，我们在对一个人进行审美的时候，完全忽略掉这个人的内在美是几乎不可能做到的，因为人类在观察和认识一个新的事物时，不可能做到完全排除一些外在环境和客观因素的干扰，也不可能做到完全排除自己内心已有道德观、价值观以及世界观的影响。人类本身就生存在一个特定的时代中，其所在民族、阶级、社会都会不断影响人类的认知结构，在这种无意识的形态控制下，尤其是现代社会，人们在对一个人进行审美的时候，对其评价的"美"多多少少都会与"好"也就是内在的善与德沾上关系。所以在当今社会中，"一见钟情"中，"美"的定义其实与"好"是分不开的，"钟"其实也包含有积累、集中以及积淀的含义，虽然"钟情"代表的是一个漫长的过程，"一见钟情"听似简单，其实包含一个男性在其成长过程中逐渐形成的对一个女性完整的审美理想。

在日常生活中，尤其是成年人的世界中，很少见一见钟情，但对于日久生情我们并不陌生，身边随时都会发生，也更能让所有人接受，因此比起一见钟情来说，日久生情更加符合当下我们对人性的认知。日久生情是指双方在经过了长时间的相处之后互相产生了感情。日久生情之所以符合现代人对爱情的认知，主要是在现代很多人眼里，爱情就是需要有过程的，男性女性在恋爱的过程中不断将这种爱和美进行升华。这种升华则又是另外一个崭新且缓慢的发展过程，所以在日久生情的过程中，对对方的审美更多是因为爱而产生的，这种美更趋于对方的内在，更是一种好的表现，这种美也极度降低了外表美的分量，让参与到其中的主体更多关注的是对方内在的好，而并非是对方纯粹外在的美。

如果我们将日久生情和一见钟情两种感情结合起来看，其实就是男性的爱情观和审美观，当然对于很多女性而言也是，不过女性的爱情观和审美观要更加复杂一点，这里我们先按下不表。将一见钟情和日久生情结合起来看，其实可以将男性的爱情观概括为如果一见不钟情那么往往就很难再钟情，简单点来说就是在男性眼中如果第一次见面就对其没有产生任何好感甚至完全不符合自己审美的女性，其无论再见她多少次相处多久都非常难以做到再钟情。从男性角度来看，审美对于他们来说是有难度的，审美需要度过一个漫长的过程，如果女性在这个过程中没有发生变化，那么男性对于女性的审美就会随着其人生阅历的增长，或者是生活遭受了重大变故而发生明显的变化。

在不同的时间，所处的心境不同，不同的人生阅历影响下，男性对于女性的审美感受也是完全不一样的。因此一个真正美丽的女性是永恒的，是经得起岁月的洗礼，经得起时间的考验的。对于人类而言，其既有一直不变的东西，又拥有很多可以不断发生变化的东西。我们常说女大十八变，是指女性在成长的过程中其体态和容貌都会随着时间推移而发生改变，其气质和品德也会随着她所经历的事物而发生变化。当然在女性变化的过程中，男性作为审美的一方也一直在发生变化。在爱情中，两个人都一直在发生着改变，因此两性之间的关系也会因此发生改变。

对于男性而言在对一个女性产生爱情之前大多都是因为这个女性的外表开始的，这个外表单纯指的是女性的外在美，包括这个女性的身材、相貌、体态等，成语中有一个词叫"郎才女貌"，不难看出从古至今男性对女性外在美的重视程度之高，而女性的外在美无论在古代还是现代爱情中都占据了非常重要的位置。

古希腊神话中有一篇故事叫作《众女神争夺金苹果》，这个故事说的是希腊的英雄珀琉斯与海洋女神彼此产生了爱情并因此结婚了，他们为了见证双方的爱举办了婚礼，但这个婚礼没有邀请不和女神厄里斯，这个举动让不和女神非常生气。不和女神不请自来到了海洋女神的婚礼现场，向婚礼现场的其他所有神掷出了一颗金苹果，这个金苹果上写着一句话叫"送给最美的女神"。而婚礼现场的所有女神包括雅典娜、维纳斯、赫拉等都认为自己是爱和美的化身，那这个金苹果就应该属于自己，为此女神们争执不下。这时众神之王宙斯做出了最后的决定，让特洛伊王子帕里斯来决定将这个金苹果判给哪位女神。三位女神为了得到金苹果纷纷对帕里斯作出诱人的承诺。天后赫拉对帕里斯表示如果能将金苹果给她，那么就许诺让帕里斯来统治目前地面上最富有的国家；而雅典娜女神则是许诺让帕里斯可以拥有无穷的智慧和力量，并且可取得长久的胜利；爱神维纳斯许诺帕里斯可以和这个世界上最美丽的女子成为夫妻。最后王子帕里斯将金苹果送给了他认为最美的女神维纳斯，维纳斯也履行了自己的承诺将宙斯与勒达所生的女儿——斯巴达国王莫涅拉俄斯王后海伦，这也是后来著名特洛伊战争的起源。从这个古希腊神话中我们可以看到外在美对于神来说都具有如此大的魔力，更何况人啊！所以我们也就不难理解男性对于女性的审美最首要的还是注重女性的外观，这是因为人类的审美本身就是在生理基础之上，因此对女性的审美最重要的就是对其身体的审美。

比起现在网络中盛行的"白幼瘦"，大部分男性更喜欢曲线优美的女性身材，曲线优美的女性身材对于男性而言就像是在享受一首旋律流畅、多变、圆滑的音乐。如果我们将所有女性的身材比作一种音乐的话，那么富有曲线的女性身材就是一部多重奏的浪漫曲。对于女性身体曲线的美，最早意识到这一点的是古希腊人，因此古希腊人非常注重对身体美的塑造，丹纳在其所著的《艺术哲学》中就曾提到，几乎所有的民族都以裸体为耻，而古希腊人民却可以毫不在意地脱掉衣服参加角斗和竞走等活动。

在古代斯巴达，随处都可见脱掉衣服暴露身体锻炼的青年女子。维纳斯大理石雕像是在 19 世纪时一个名叫米洛的岛屿上被发现的，维纳斯女神是爱与美的结合，其体态仿佛花茎，而乳房又丰硕似在微微颤抖。有人评价维纳斯雕像是为千秋万代创立裸体的魅力和优美的规范，将人们对裸体的认知转变为了情感的欣赏。所以说女性美妙绝伦的身体可以激起男性对其爱的情感，也可以因此改变男性的思维方式，让男性的心肠软化。

除了身体美之外男性对女性的容貌美也极为看重，女性的面部表情最能给予男性直观的感受，容貌美也是女性最明显的个性特点，不仅可以表达出女性丰富的思想感情，也是女性与男性交往时最重要的器官。在爱情中，男性对女性的审美主要集中在女性丰富的面孔表现以及其生动的形象上，我们人类的面孔精美程度和完善程度要高于身体结构的其他部分。

我国古典著名书籍《西厢记》中就对张生在庭院中初次遇见官家少女莺莺被其的容貌所倾倒的描写：【胜葫芦】则见他宫样眉儿新月偃，斜侵入鬓云边，[旦云] 红娘，你觑 '寂寂僧房人不到，满阶苔衬落花红'。
[末云] 我死也！未语人前先腼腆，樱桃红绽，玉粳白露，半响恰方言……
【赚煞】饿眼望将穿，馋口涎空咽，空着我透骨髓相思病染，怎当他临去
秋波那一转！休道是小生，便是铁石人也意惹情牵。看这些措辞，樱桃红
绽、玉粳白露，都是对女性美貌的刻画，也正是因为莺莺的美貌，才让张
生如此魂牵梦萦地爱上了她，可见我国从古至今对女性面部美貌的追求有
多深。

当然虽然在男性的爱情观中女性的外在美是不可以忽视的一种存在，
但男性对女性的审美一直以来都不是单纯只对其身体和外貌，男性是一种
有思维的理性动物。人类本身对于精神和素质追求就非常高，因此其对有
精神追求和高素质的女性内在美也非常重视。在意大利文艺复兴时期就曾
有一名人道主义者强调，女性身体美并不是来自它本身的物质、密度以及
外形，而是从体内散发的美的光，更像是一种精神的放射，因此将女性的
身体美和人类的高级意识冲动相联在一起。

在古希腊就有这样一则神话传说。塞浦路斯国王皮格马利翁擅长雕
刻，所以他对待美也非常苛刻，皮格马利翁就曾在全国公开表示他不会与
这世间的平凡女子结婚，于是他将所有的精力和热情全部放在了雕刻上，
最终用象牙雕刻了一座美丽的少女像，也就是加拉太雅。国王因此对这个
雕像产生了爱恋的感情，爱神维纳斯也被皮格马利翁的真情所打动，于是
使用神力让雕像充满灵魂和生机变成了一个有血有肉的真人，皮格马利翁

也与她结为夫妻。

有些女性可能会有疑惑，那意思就是男性都喜欢外表美丽的女性，那如果我天生不够丽质就无法得到爱情了吗？其实不然，歌德就说过，外在的美貌只能一时取悦对方，但是内在美能够经久不衰。

何为内在美？除了心灵美、品德美、气质美、性格美之外还包括修养美、学识美、情操美。女性的容颜只能维持十几二十年，之后会随着岁月的流逝逐渐褪去美丽，但在美貌褪去后仍然对她保持炙热的爱意，其实就是指对女性内在美的爱恋与欣赏。虽然女性的内在美不像外在美那般可以一望而知，但它却比外在美更加充实更加令人印象深刻，甚至有些女性在肉体消失之后依然可以焕发美的光彩，比如奥黛丽·赫本和玛丽莲·梦露。中华民族传统文化就提倡女性的内在美，犹如《战国策》中所说说，以色交者，华落而爱渝。

莎士比亚也曾说过，没有德行的美貌是转瞬即逝的，可是因为在你的美貌之中，还有一颗美好的灵魂，那么你的美貌将会永存。而人之所以可以成为地球的主宰生物，就是其爱人的方式是理性的。

所以在男性的爱情观中，女性的外在美对于他们的魅力是微不足道的，更是不值一提。因为很多女性的外在美是可以通过内在美来弥补的，所以现代女性都是可以通过不断提高自身的德行、气质、风度以及仪态来不断给自己加分，让自己成为男性眼中的理想情人。看完男性的爱情观，想必很多女性都出乎意料，因为现代有很多女性对男性的爱情观和择偶观抱有偏见，认为男性就一定是视觉动物，长得好看就行，因此出现了容貌焦虑和身材焦虑。

虽然一个美好的容貌和身材会在第一时间更加吸引到男性的注意，但男性也非常看重在与女性交往的过程中，这个女性所展现出的气度、学识、修养等内在。女性也不必因为男性在抖音上为几个美女视频点赞就认为其花心不爱自己了，就喜欢美貌身材姣好的姑娘。

上面已经诠释过了，不仅是男性，对于人类来说外在美的冲击是非常大的，但外在美并不能代表爱情，人类的潜意识会被外在美吸引，这无可厚非。女性要对于男性选择自己成为伴侣充满自信，要相信自己在男友眼中就是最美的。因为美和爱是不分离的，爱是对美的追求，美也是对爱的回报。爱情是两性之间亲密关系的欢乐、和谐以及纯洁情感的体现，若是没有这些你侬我侬，没有两性对美的欢快和痴迷，那么就没有所谓的爱情。

说完男性的爱情观我们再来看看女性。女性的爱情观比男性要复杂得多，一个女人可以因为男性做了一件小事而爱他，也会因为男性对她言听计从而爱他，在女性的爱情观里爱情更像是突然发生的事物。比如电视剧《王贵与安娜》，王贵和安娜在那个年头是说媒式婚姻，安娜是城里工人家庭的孩子，起初很瞧不上王贵的乡下气息，根本不愿意嫁给王贵。她不明白为什么这个从乡下上来土里土气的男性别人都说好，无论是生活习惯还是见识，王贵都远比不上安娜的初恋情人。安娜本来十分不愿意接受这门婚事，直到有一天，安娜路过王贵教书的学校，本来打算将东西送交给王贵，结果刚好碰上王贵在上课，安娜忍不住好奇地朝着王贵教书的教室看了两眼，结果这一看安娜马上就被王贵在教书时的气质吸引住了，后面就顺理成章嫁给了王贵。你看女性对待爱情真的是丝毫不讲道理，不会因为一个人的外在而马上爱上这个人，昨天还瞧不上的人今天就突然瞧得上了。如果说男性对异性的审美动力主要来自于性欲，男性欣赏女性也主要是站在性的角度，那么女性对异性的审美动力就非常多元了。

第四章
两性平等问题

两性原始平等状态

女性主义无疑是当下全球最受关注的思潮之一，女性主义不仅有全方位的理论作为基础支撑，国外还有丰富的社会实践。随着女性意识的觉醒以及女性主义的不断发展，女性群体之间或多或少都受到过女性同胞的惠泽，这为全球女性推动女性平等活动起到了不小的作用。但是，由于不同女性主义研究者所处的时代不同，且受时代、阶级以及种族等各种因素的干扰，其自身的发展也会受到限制和影响，因此得出的女性主义理论还是存在诸多分歧和争议。

我国经济快速发展以来，女性主义思想也不再只是西方女性一枝独秀地引领女性主义潮流了。从非洲、殖民地等地区女性主义思想的迅速崛起能够证明，两性平等问题与全人类的利益紧密相连了。如今，后女性独立平等主义的兴起让很多女性对女性主义的结构有了新的认知和继承，所以说当今社会的复杂女性主义更趋于多元化了。

　　说到两性平等的问题要先明确女性主义的含义，因为关于两性平等的问题主要差异还是来自女性主义者，这也是目前学术界各个流派之间一直存在争议的问题。最早的女性主义主要是强调自由，换句话说就是女性要求与社会中的男性享有同样的权利，但随着一些激进派的发展，导致女性与男性之间的平等关系和差异关系始终在女性主义的争议中保持着二元对立的关系。

　　直到近代全球女性主义的迅速崛起，很多关于两性平等和女性主义的研究学者试图去探求更多的具有多元化且有融合关系的两性平等问题和差异问题，提倡通过对两性差异的融合来逐步推动两性关系的平等。就我国来看，社会很多人也开始将男女内部之间的差异转变为每一个个体之间的差异，这代表每个男女的个体之前都有着被差别对待的遭遇，因此我们并不能直接将全体女性看作一个有机的整体。针对部分女性的需求以及呼吁，不能够将其视作所有女性主义者的需求和呼应。这句话其实很好理解，打个比方，目前女性职场竞争激烈，很多有职业追求的女性呼吁社会不要让女性做家庭主妇，认为女性应该和男性一样在外工作挣钱。显然这个社会是存在大量女性希望成为家庭主妇的，所以不能将现代职场女性的需求视作整体女性的需求和呼声。

　　正是因为这个社会上女性群体之间的差异日趋多元化，社会对女性差异的接受程度也越来越高，因此既往西方资本主义国家中产阶级女性引领女性主义的时代也就此终止了。女性主义的发展经历了理论到实践的变化，最初女性平等主义仅仅只是一个理论研究形态，而再看如今，女性对两性平等的要求面向实际从要求教育平等、就业平等、选举平等再到文化领域、意识形态平等。

大部分女性都意识到，在过去的女性主义运动中那些所谓的斗争形式都不过是表面而已，要让社会真正实现两性平等，必须从根源上发掘到底是何种因素导致女性与男性之间处于一个长期平等失衡的状态，然后通过系统化的思考分析解决两性不平等问题。这也是为什么当今社会思想解放如此之久，但关于女性主义的斗争却多数进展非常缓慢的原因。即便是当下这个足够开放也足够文明的社会中，男女不平等的现象仍然随处可以见，甚至在个别地区一些人心中男尊女卑的思想依然根深蒂固。

人生来原是平等的，所有人从出生就享有获得自由的权利。我们所生活的社会和环境之所以随处都可以见到男女不平等的现象，而且这种不平等现象至今散落在世界的各个角落中，其原因可以追溯到历史上的某一个时期，也正是从这个时期开始，才出现了一些男女不平等的现象。虽然我们距离彻底消灭这一现象的一天还非常遥远，但这并不意味着人人生而平等这个事实可以被反驳。宗教学上表示人类目前的思想完全超过了两性不平等问题所带来的贫困、堕落，若假设一个完全平等的社会，那么人类的思想将会像永恒的源泉一样寄托于上帝。而人类学表示所有人类的精神和思想都统治着现代文明社会，并且平等是整个社会的准则和理想。

不难发现，无论是宗教学还是人类学都能够寻找出人人生而平等，人性原是平等的证据，宗教是所有人类精神意识的体现，而人类学则是所有人类平等进化后的直接证据。虽然在中华人民共和国成立之前，我国两性长期处于一个不平等状态，且这种思想占据了社会主流思想意识，但也并不能够说明女性就是天生要比男性卑微，男性压抑女性就是合理正义的。

马克思和恩格斯都曾在著作中表达过自己对女性的生存环境和遭遇的同情，母权社会和制度被推翻之后，意味着女性在历史上遭遇重大失败，男性至此之后在家庭中掌握了绝对的话语权，而女性则开始在家庭中处处受到贬低、奴役，甚至沦落为丈夫发泄淫欲的奴隶，生孩子的工具。

法国大革命是人类最早开始重新探究世俗社会和两性平等问题的重要运动，也正是从法国大革命之后社会女性对自由平等权利的追求意识才开始逐渐苏醒，社会女性需要得到解放，也需要获得回归人类平等天性的权益，在家庭中女性渴望拥有一段平等的夫妻关系，所以女性追求两性平等将会是永恒长存的真理。女性主义从来都不是一个阶段性的革新运动，而是一场又一场的复归运动，复归人类平等天性的运动，可也是这些一次次的复归运动让两性走向对立。虽然现代社会拥有的很多先进科技和文明发展都得益于父权制社会，大部分文明的话语权仍然掌握在男性的手中，但这并不代表人类可以改写两性天然平等的权利。尤其是现代社会仍然存在对女性生理上的贬低，职场上认为女性力气不如男性大，因此女性工作能力比不上男性，这类女性天生残缺学的说法本质上是对人类天生享有平等权利这一真理的否定，也是男权社会下一些既得利益者为了维护自身利益所惯用的伎俩，就如同封建王朝和奴隶王朝统治者往往会为了维护自身利益不断利用宗教、制度等事物去压榨奴隶被统治阶级一样，所以说两性平等的追溯是全球女性解放运动的根源，也应当成为当下女性主义关注研究的重点。

人类最初是保持一个平等状态的，随着社会经济、文化以及政治的不断发展，才有了两性的关系，社会对女性的压迫越来越深。有相关历史资料表示，在父权制社会没有建立之前，人类本身是处于一个母系氏族社会的，这也就推翻了男性生来就比女性等级高贵这一谬论。男权制度拥护者所认为男性比女性具有的先天优势，比如理性智慧等，女性都是可以通过后天的学习培养获得的。且我们人类从母系社会的自然性别崇拜转变为父系社会的性别崇拜，也能看出人类一直处于一个进化的过程。

巴霍芬的古代神话著作《母权论》中就是以母权论作为整本书的开端，并借助人类学对其进行深入研究，虽然现代社会关于母权神话的结论已经完全被颠覆了，但是学界一直对于母权社会是否存在这个问题持有争议。母权社会的概念对应父权社会，从很多历史资料来看，也一直存在着这样一个社会，这个时期社会女性的地位要远远高于男性，并且这个时期的女性拥有着与父权社会男性同等的权利，在男性面前女性有着绝对的权威。《母权论》中所有涉及的材料主要源自西方的古典文献，虽然其中有诸多推论是经不起严密推敲的，但是这些古典文献都对母系传统进行了详细的记载，比如在《母权论》中就表示过吕基亚人的名字都是根据母系而取的，因此如果想要将母权社会和母系氏族社会两者进行区分，那么必须先要承认，人类的历史上是确实出现过先于父系氏族社会的母系氏族社会的。

两性不平等状态

伟大的思想家恩格斯曾在其著作《家族、私有制和国家的起源》中谈及人类社会从最早到现在的发展历史，该书结合了唯物史观，恩格斯先是对巴霍芬在《母权论》以及摩尔根对于人类学中提及的古代人类氏族社会形成这一说法表示了肯定，并在此基础上对两种性别产生的理论进行了详细的阐述，恩格斯认为人类生命的生产根据其性质可以划分为两种，一种是人类通过劳动来生产自己的生命，另一种则是通过生育他人来生产他人的生命。这两种生产关系一种是自然关系，而另一种则是社会关系。很显然，母系氏族社会期间人类主要是处于一个自然生产关系，也就是上诉所提及的利用生育来生产他人的生命。

随后人类社会开始出现宗教，在此之前人类是信仰自然并且非常敬畏自然的，宗教出现之前人类的崇拜对象是大地之神、火神、水神、风神，因为当时社会人类的所有生产资料都来源于自然，因此人类的生产发展都要受到自然条件限制，人类在面对无法用自然现象解释的事物时全部将其定义为神秘现象。而女性的生产就是一项人类无法通过自然现象所解释的事情，因此自从人类社会出现宗教之后尤其到了父权制社会就赋予了女性的生育现象一种神秘的宗教色彩。在父权制社会中人们认为女性生育过程是不洁的，需要被隔离开，而人类生育出的孩子应该是属于上帝的，因此女性生育孩子对人类而言仅仅只是一种繁衍行为。

奥古斯丁在其所著的《上帝之城》中对瓦罗讲述有关雅典的故事进行了阐述，雅典城建成之时，有一棵橄榄树突然出现，有一股泉水突然涌出，当时的雅典人并不知道这两个神迹的含义，这时德尔菲的阿波罗告诉雅典人，橄榄树其实代表的是雅典娜，而泉水则代表的是波塞冬，因此需要雅典人投票，从这两个神中选出一个神来命名自己的城。投票的结果是，所有雅典男人都选择了波塞冬，而所有雅典女人都选择了雅典娜，但由于当时的雅典城中女人比男人刚好多出一个人，所以雅典娜获得了胜利，这个城就被命名为雅典。自此之后波塞冬愤怒了，暴发了洪水，雅典人为了平息波塞冬的怒火，给了城中的所有女人三个惩罚，一是取消所有雅典女人的投票权，二是雅典女人所生的孩子不能够以母名命名，三是她们自此之后不得再被称作雅典女人。这就是女权制将权利转让给父权制的一个标志，同时雅典城中也因为这件事情出现了父权制社会的最高形态，也就是剥夺女性原有的各种权利。

恩格斯曾在《家族、私有制和国家的起源》一书中表述，社会出现财富剩余现象滋生了私有制，而私有制的出现则滋生了阶级社会。人类从母系氏族社会过渡到了父系氏族社会，婚姻形式也随之发生了变化。妇女是完成婚姻向个人婚姻制度转变的主体，妇女实现了群婚向对偶婚姻的过度之后，男人则开始严格执行专偶制。当社会生产力得到迅速发展之后，氏族社会群体开始不断产生剩余财富，而如何分配这些剩余财富是氏族社会遇到的难题。这些社会剩余财富转归成家庭私有财产后对对偶婚姻制度和母权制度造成极大的冲击，因为对偶婚姻中是先确定了生父，然后由生父明确家庭内成员的分工的，并且生父还是所有牧群和工具的所有者，因此一旦夫妻离婚，那么若按照母系氏族社会的传统，丈夫不属于母系氏族的成员，所以他的孩子是无法继承父亲的遗产的。

随着社会所剩余的财富越来越多，父亲的财产占比不断增加且远远超过母亲，就需要提出一种新的继承方式来继承父亲的财产，这也是导致母系氏族社会中母亲在家庭中的地位越来越不如父亲的重要原因。因此父系氏族社会顺理成章地取代了母系氏族社会。随着社会财富的不断增加，财主可以利用持有的财富来购置社会上的其他劳动力，让这些劳动人民成为自己的私有奴隶，并不断为自己创造更多的财富，在旧社会中财主对自己用剩余财富所购置的奴隶有绝对的处置权。在一个部落侵略另一个部落时，会将被侵略部落中的男性俘虏充当自己的奴隶，而俘虏来的女性将被视作自己的私有财产并收入家庭之中，这样将女性私有化的行为使得女性在社会上的地位开始发生转变。当一个男性拥有绝对的统治能力和财力的时候，他可以将自己的财产交由自己的子女继承，但自由婚姻的制度不能够保证男性子女的血统纯正。因此男性发起了对偶婚姻朝着个体婚姻的转变，要求女性对其绝对忠贞，对女性而言其也只能拥有一个丈夫，只能和一个丈夫发生性关系，但男性却可以通过购买和掠夺获得更多的妻子，所以一夫多妻制度就这样出现了。

马克思曾经说过，拥有自由的有意识的活动是所有人类的特征。当两性不平等关系出现时，我们只有勇敢地去调整这种现象，才能将人类的特征还给自己。所以全球的女性组织至今都在想方设法地帮助那些还没有得到解放的女性，即便到了 21 世纪，全球依然存在很多连自己人身安全都不能保护的女性。

在当今社会的文化大军中，最热门的浪潮莫过于女性主义文学，而女性主义文学想要解决的最根本的问题是如何解决两性平等的问题。如果女性能够获得解放，在某种意义上就意味着两性可以获得解放。而如果所有女性都能终止与男性这种从属关系和地位，那么女性就能够实现真正的自我和独立的自我，社会对女性的异化宣告终结，两性之间的相互异化问题也会就此停止。

在经济上，女性完全可以做到独善其身的时候，就不需要再依附男人而存活了，女性恢复了自由的权利并可以自由进行选择的时候，男性也不再需要独自承担经济责任了。

在政治上，男女的权利获得平等之后，可以充分保障社会的公允性，这在一定程度也为两性平等创造了保障条件。

　　我认为两性之间想要实现真正的平等是男女双方在精神上都要解放，其意识形态才能真正地回归正常状态。换句话来说就是只有当人具备了真正的独立人格和完备思想的时候，他们所做出的决定才能完全不受外界因素的干扰，遵循自己内心真正需要的决定。比如在既往的男权社会之中，两性在婚姻关系里面，女性往往都是处于弱势的一方，而男性作为强势的一方则需要承担整个家庭的使命以及对女方的责任。这种状态不仅使得女性无法做出自由的选择，男性也不能够自由地进行选择。而如果在这段婚姻关系中男方有了出轨行为，或者是双方的感情出现裂痕难以修补，只有分开才是解决问题最好的办法时，男性往往会出于对女方的责任感，做出浪子回头的决定，而女性在面对男性出轨问题的时候往往只能默默接受，随后选择隐忍地继续去修补这段难以得到修复的婚姻关系。虽然表面上看来似乎是女性一直在对双方的感情妥协，但这确实也是在男权社会背景下对男女双方的精神束缚。我发现现今这个社会中，很多女性在处理两性关系时会带有一些性别压抑，这种压抑往往使这些女性无法充分发挥自己的个体性和普遍性。当然这其中有部分原因是外界的压力，但也有部分原因是女性本身对自己的压抑。这些压抑不仅会使女性对男性不再有信任感和安全感，还会滋生出女性和女性之间双方的压抑。

　　我一直号召广大女性一定要团结起来，但事实上很多女性却都在上演"雌竞"，比如很多女性会妒忌其他女性并在生活中下意识地与之攀比，长期处于这种压抑的状态下，女性之间就会形成一个相互打击的局面。而地位的不平等往往会使这种打击占据身份地位上的绝对优势，从而滋生出更多的不平等关系。比如在男性无法释放自己对女性被迫产生的责任感的时候，他们往往会对女性进行抨击和打压，比如说女性身材走样、精神失常等。而当女性对女性产生妒忌心理的时候，其也会充分利用自己的特殊身份打压对方。

两性对立的思考

旧社会的理念已经被新社会碾碎了，但还有人在抱残守缺。无论社会怎么变人心都是不会变的，即使时代一直在改变发展，旧的规则不再具有约束力，但两性矛盾一直都会存在，其一直随着社会生产力和生产关系不匹配而逐渐加深。中国传统的婚姻制度就是为了保护这样一种落后的关系，因为这种落后的关系会严重阻碍社会的生产力发展，因此在新中国成立后即被抛弃。

社会是由万千个小家庭所组成的，家庭又是由个体所组成的，这个关系是亘古不变的。这也是一个不可逆的过程。社会生产力的发展给人们带来了高度自由化，之前社会中人们需要分工合作的一件事情，现在一个人也能够完成，因此大家就没有必要去合作了。从目前的社会情况来看，男女之间的生理差异会让其在面临社会分工时存在一定的差异和分歧，且这种关系已经摇摇欲坠了。

对于现代女性来说离婚自由是一道死题，大部分女性都被那些生育、性价值被剥夺后一脚踹开的案例吓怕了。所以现在的女性但凡有点头脑就不会赞同男主外女主内的关系，因为这种男女关系是典型的压迫、剥削女性。但这种关系对男性就是完全有利的吗？其实也不然。对于男性来说，主外其实就是将其视作了赚钱的工具，一个家庭的供养者。而女性也可以选择男性，很多男性在失去赚钱能力后也会被无情推开，比如我们的邻国日本。这种男主外女主内的家庭模式是在从根本上破坏婚姻的稳定性，很多男女本身的利益基础就不够稳定，因此谁更不讲旧道德谁就能获取到更多的利益。在绝对的利益面前，道德是很难有真正的约束力的。

绝大多数婚姻的不稳定其实都是在增强男女的对立，激化两性之间的矛盾，彼此因此发生猜测也是难以避免的问题。在旧社会，那些旧的道德会以非常严厉的手法去约束家庭双方的行为，以此来保障家庭的和谐稳固。比如在旧社会是不允许单方面提出离婚的，女性也必须履行自己坚守贞洁、生孩等义务。而男性则不能够宠妾灭妻，这些外在的道德约束让旧时婚姻更加稳定。但是现在时代变了，人们都有了自由意志，且人的自由意志越强其追逐幸福的行为也会显得更加正确，这种时候男女对立的矛盾也就凸显出来了。这种冲突来源于男女平权思想，代表着旧社会模式和思想越来越不可取，因此所有人只能够去摸索一条新的道路。要开辟新道路就意味着要冒险。在一次次摸索和冒险中，男女都会不断地遭受打击，而在打击过程中男女也会逐渐成长。

就目前我国的社会发展情形来看，女性解放之路比男性走得更快。很多时候一个家庭会出现"一个在欲望都市，一个在大宅门"的荒唐情况，现实中这种例子非常多。前不久就有这样一条微博热搜，一个小女孩在画画的时候她爸爸让她去拿东西，小女孩正在专心致志地画画因此不愿意去拿，当时女孩的父亲非常生气，就揍了女孩并教育了女孩。女孩的母亲非常生气，觉得丈夫只是在发泄自己的情绪，并不是为了教育孩子，只是感觉自己的父权受到了挑衅所以选择管教孩子。你看，两个人同样年龄且接受教育的程度也差不多，但男女双方的思维却出现了如此大的差异。其根本原因在于，我国建立了新的婚姻制度后，在很长一段时间内男性凭借着旧社会的道德和制度漏洞狠狠地吃了一把性别红利。

不知道大家是否对二十世纪八九十年代的社会现象有印象。那个时候我们经常看到某个成功男性甚至是不怎么成功的男性"包二奶"，而很多男性在事业有成之后也会抛弃糟糠之妻。这也让大部分女性自此开始产生了反抗和自由意志。所以我认为，目前社会要解放的并不是女性的思想而是男性的思想，应当尽快加快男性思想的解放。尤其需要打破个别男性想要食利的旧思想，同时让新时代的男性们构建自尊意识，不要沦为工具人。

在过去的好几十年里，大部分男性都没有吃过什么亏。因此即使是思想解放很多年的如今，还是有部分男性对婚姻抱有非常不切实际的幻想。看到女性将男性看作提款机或者是供养者，其态度十分暧昧。虽然有些男性意识到这一点是不对的，但他们由于没有找到与女性更好的相处方式，因此常常会产生这样的想法："既然我没有能力给你更多的东西，如果你只是冲着我的钱来的，那你一定是个拜金的渣女。"同理，女性也会产生"我没有能力给你其他的，只有性和子宫，那么如果你是冲着和我发生性关系或者是想要我给你生孩子，那么你就是个渣男"的想法。以上这两种人在现在各大论坛里是吵得最凶的。一方面，人的思想正在觉醒，这也是必然的，毕竟在旧社会中男性的义务是养家糊口，女性的义务是生孩子、带孩子，这些道德约束显然是不合理的。另一方面，有些人因为自身存在很多不足，因此对异性产生较强的依赖性，对原有的婚姻产生妥协行为和幻想，在破碎的婚姻中不断与对方讨价还价，试图以这样的方式在婚姻中掌握话语权，这种行为实在让人觉得既心酸又难过。

　　那么在新时代，男性和女性又该何去何从呢？很多人在完全对异性失去信心后会选择"躺平"或者是不沾染，选择做一个与众不同的"咸鱼"。而这条路往往都十分难走，因为需要与整个社会作斗争。一些道德感较差的人会选择假意服从，然后从中谋取利益，这也是为什么现代男女之间的忌惮和矛盾都越来越深的根本原因。还有一种人则是喜欢无条件地去信任对方，直接进入对方的阵营，愿意去赌一赌对方是否会辜负自己。这种人是典型的赌徒心态，赢了就是自己运气好，输了那就是命运是无可奈何的。而这些人一旦输了就会得到非常惨痛的教训。这时候男女之间的矛盾也会因此更加激烈。一段相对独立的亲密关系是建立在双方已经能够满足一定经济条件下的，换句话说双方都是可以脱离对方独立在社会上生存下来的，这时候双方才会有更高的精神追求。但目前我国大多数人的意识还远远落后于物质，一些人有独立的经济却没有独立的思想。目前社会所主张的平权就是推动社会中的每一个男女成为真正独立的个体。所以我并不赞同男性和女性要继续保持对立，我认为男女对立的本质是其对自身能力不足而产生的恐惧。当我们自身变得强大人格也因此独立了，那么男性和女性之间的关系我相信会更加趋向于合作，毕竟男女通过合作可以实现共赢，而一味地对立只会造成双输的局面。

在之前的课程中我和学员们讨论过这样一个问题，就是为什么现在网上男女对立的问题看上去越来越严重，男女之间动不动就喊打喊杀。我觉得除了这些人本身的因素以及性别特点之外，大家的唾液腺好像变得比之前更加发达了，因此网上对立的厮杀声也随着升高。

在现实生活中，男女对立的问题很严重，但到了互联网上这种问题会被进一步放大，其实男女对立只是现在互联网上很多对立问题中的很小一部分。不信你看，现在网上什么对立问题都很严重，比如房产圈、股票圈，等等。对立这个问题其实看多了也就习惯了，所以我一直强调千万不要把男女对立这个问题给妖魔化，同一性别的人为了一个远在天边的事情都能争个你死我活，那么不同性别的人为了自身利益的事情发生对立那也是很正常的现象。网上很多男女对立时，争吵逐渐激烈后恨不得杀了对方，但现实中大多数人会回归普通生活，日子还是要继续过的，大家都心知肚明，杀人是犯法的事情。

　　很多人对于男女对立问题表现得很焦虑，但我想告诉大家的是，男女对立问题从目前的情况来看是很难消失的，因为男女差异就摆在那里，我国人口基数这么庞大就摆在那里，因此要想不看到男女对立问题，解决办法也很简单，那就是远离网络。不要参考网上的观点去生活，否则你只会被生活给捆绑到死。大家每天生活得都很累，一场恋爱谈下来可能会朋友变成仇人。因此而互相谩骂更是没有任何意义，对于网络性别对立问题，大家保持好距离理性吃瓜就好，千万不要入戏。

第五章
女性情感误区

中国女人为什么难以快乐

在世界各国人的眼中，中国女人是非常温柔贤惠的，但温柔贤惠的同时也给人一种忍气吞声的印象。按理说不在乎自身利益，对丈夫低眉顺眼体贴入微应该称得上是完美妻子，但为什么那些看上去是所有男人理想类型的妻子往往得不到最好的爱情？前不久微博有个南京确诊女病例和男病例两人近日活动轨迹热搜，该热搜的内容大概这样的：

女，45 岁，7 月 10 日早上 7 点 20 分送儿子到培训班，后前往禄口机场上班，7 月 11 日下午 3 点骑电动车送儿子去武道馆学习，下午 5 点 10 分接儿子下课回家，7 月 12 日早上 7 点 20 分开车送儿子到教育培训班，下午 4 点骑电动车接儿子回家。7 月 14 日早上 7 点 20 分开车送儿子到培训班，下午 4 点骑电动车接儿子回家。7 月 16 日早上 7 点 50 分骑电动车送儿子去培训班，随后到机场工作到次日清晨 4 点下班。7 月 17 日下午 1 点 20 分骑电动车送儿子到培训班，后又去超市，下午 3 点接儿子去培训班，5 点接儿子放学，随后去周边广场。

男，25 岁，12 月 27~31 日每日早上 8 点骑电动车到小区附近的网吧上网，中午在网吧附近麻辣烫吃饭，下午 5 点骑电动车回家。次日一天居家无外出，1 月 3~4 日早上 8 点到 11 点均在小区附近的网吧上网，1 月 5 日居家无外出。

有意思的是这个确诊女病例和男病例一样都是有家庭有小孩的人，这不禁让很多女性感慨思索，结婚到底给女性带来了什么。想必大家经常会听到刚结婚没多久的女性抱怨，自己不该结婚那么早，结婚之后自己好忙，忙工作忙家庭，曾经的爱好也渐渐没有时间去培养，好像结婚后女性往往会变得没有结婚前那么快乐那么无忧无虑。有项社会调查显示，普遍的中国女性往往都曾受到过致命情伤，而导致中国女性受到情伤的主要原因有两点。

第一个原因是很多中国女性不懂得如何去爱自己，如何爱自己对于所有中国人来说都是一节缺席了数千年的课程，谦让、利他是中华民族的传统美德，也是所有中国人从小所受的教育。我们在成长过程中最常在老师和家长口中听到的教导就是要我们礼让要学会忍耐，而我国的大部分女性尤其是 70 后其在成长过程中总是会受到各种压抑自身欲望的教育。在很多女性的认知中都认为女性过分爱美，不懂得谦让，表达出自己的欲望是非常丢脸的行为，所以一些女性会习惯性地压抑自己，这种习惯久了连自己都难以发现。

2019 年有部电影叫《送我上青云》，虽然电影在豆瓣的评分只有 7.0

分，相比于其他神片算不上优秀，但电影里面对女性现状的思考却值得大家去看一看。电影中有一个令我记忆非常深刻的片段，就是姚晨饰演的女主对男主说"我想和你做爱"，这是当今中国女性多么难以启齿的一句话呀。我们经常会从男性口中知晓其对其他异性的性冲动，但很难听到一个女性表达出其对一个男性的性冲动，仿佛中国女性就不应该有性欲，而女性如果直截了当地表达自己的性欲，那么就会被人视作不检点。在这种思想的影响下，即便是拥有丰富性经验的女性也很难向在意的男性表达出自身的性欲，因此中国女性很难不顾他人看法地做一件事情，而中国女性难以快乐的根本原因在于她们极少有人会认为自己是这个世界的主体，无论遇到什么问题什么事情她们首先需要考虑的是别人会怎么看我。

举一个最简单的例子，中国女性在内衣和外衣上所花费的心思和钱要远远超过中国男性，即便是当今那些自称是独立自我的新时代女性，如果她想要买一件外衣周围超过 3 个人对其表示反对，那么无论她有多么自我多么自信，那她也会对购买这件衣服这个行为产生疑惑、犹豫。这源自中国女性自小就受到的教育，女性不能太过于张扬，要做淑女，要将对他人的责任感放置在自己做人的权利之上。

中国女性不快乐的第二个原因是过分迷恋爱情。虽然在世界范围内爱情一直是所有女性群体心中永不凋谢的一朵花，而在美国市面上卖得最好的女性读物也基本上与爱情相关，比如如何在短时间内快速引起男性的注意，如何给他一个终生难忘的夜晚，等等。在中国女性心中，爱情更像是她们需要付出很多心思而努力的一桩事业，对于有些女性来说爱情的重要性甚至超过了活着本身。

我曾经问一个许久没有联系的女同学，请她告诉我现在什么事情可以让她感觉开心。她不假思索地告诉我，老公调回本地工作，女儿在校成绩可以进入火箭班，老家房子能拆迁。我听了不禁笑道，你这哪里是让你开心的事情啊，你这简直就是一个人生规划，甚至几年内都难以完成的。她被我笑得不好意思了，于是告诉我，她说出来之后才发现自己的要求太高了，老公为了挣钱已经在外地工作两年了，至少还需要3年才能调回本地工作，虽然女儿现在的在校成绩是班级的前十名，但距离火箭班要求还有挺大差距，而老家好多地方房子都拆迁了，自己家房子位置太偏僻要拆迁不知道要等到多久。我替她分析，你看你说的这三件事情，没有一件事情是可以依靠你自己的努力完成的，首先老家的房子和你老公的工作都不是你能够左右的，多花点精力给女儿辅导功课可能有作用，但主要也是要看女儿的努力程度还有女儿老师等其他人的配合，能够达成的难度也是非常大的。她听了我的话点了点头，确实能让我快乐的事情太难办到了，所以我不快乐。

其实我这个女同学不快乐的点和我见过的很多不快乐的女性都大同小异，这些女性不快乐的原因基本都可以归为两类，一是将快乐的点定得非常高，而中国大部分女性在结婚之后很难有自己的圈子，其生活无非是围绕老公和孩子，要在这样一个"小世界"中寻找快乐当然难度很高。二是中国女性想要快乐的外在因素太多而内在因素太少，要完成能够让其快乐的事情往往需要多个人配合，仅凭其一个人的力量是难以完成的。

很多女性朋友经常向我吐槽，为什么自己的男朋友只要能玩游戏就很快乐，自己每天下班后一肚子气，看到家里衣服没洗，屋子很乱，心情就很烦躁，但是男友通常下班只要能打游戏就会很开心。很多男性也很难理解为什么女性那么爱生气，想要逗她开心那么难。所以各位女性一定不要成为生活中那个难以让人取悦的人，即便生活在小世界里，也要多留意身边的小确幸。

中国女性的容貌焦虑

镜子里、前置摄像头、证件照中哪个才是真的你？

都不是，你没有那么丑。

要说为什么每一个女生都有这样一个时期，总是想要成为一个与众不同的人。杨笠在脱口秀上说，她很早就意识到自己没有周围的女生漂亮，所以她就把重点放在提升自己内涵上，甚至去坐个地铁也要拿一本书，这样好像就要比地铁上那些漂亮的女孩显得更有内涵。我们经常批评的"杠精"也差不多是这一种心理，面对人人都喜欢的东西他非要说不太喜欢，就是为了彰显出自己的与众不同，这一方面其实是青春期的叛逆心理作祟，另一方面是女性刚觉醒的审美与自己本身的外貌之间存在矛盾和差别，因此产生了一种防御心理。所以我们经常会在中学时期看到很多打扮得非常中性的女孩子，她们讨厌粉色，讨厌穿裙子，只有穿上她们认为酷的卫衣、裤子才能展现她们的个性和与众不同。本身处于青春期的女性就很在意他人对自己外貌的评价，即便是周围的人根本没有人认为她丑，也根本没有人在意她的穿着打扮，她依然会因为自己的外貌不够美丽而惴惴不安，习惯性地低头走路，这就是外貌自卑。

曾经我有很长一段时间以为外貌自卑只存在于那些长相不够美貌或者是不符合大众审美标准的女性身上，直到有一天我和我一个美女朋友聊天，她说她非常讨厌她的颈纹，这让她感觉自己看上去比实际年龄大很多。听到这个话我非常惊讶，讲实话在我没有和她聊天之前我甚至都不知道皱纹还有颈纹这一说法。其次这个美女朋友她身高170，四肢修长，肤白貌美，属于那种走到人群你第一眼就能看到她的风云人物，任何人看了她都很难将视线移开她的脸和身材，不要说她所说的颈纹非常浅，就算是再深一点也根本不会引起别人的注意，并且对她的整体形象完全没有一点影响。我发誓，她真的是我认识的女性中容貌数一数二的了，多少年身边从来不缺乏追求者，无论是同性还是异性都对她赞不绝口，但为什么像她这样的貌美女性仍然会出现容貌焦虑呢？

我曾经在网上对中国女性焦虑问题进行文献查阅，发现有一个理论叫作体像障碍，这种症状体现为过度关注自己的体像并对自身的体貌缺陷进行夸张的臆想，而有这种症状的人会产生消极、焦躁的情绪，严重者甚至会影响其正常生活。

腾讯新闻发布了一条2020年中国护肤品市场现状及趋势分析新闻，自2014年开始我国化妆品市场规模就一直在不断上升，截至2019年其市场规模已经达到了4256亿元，相较于2014年的2930亿元上涨了1326亿元。而从 2013 年开始我国的高端化妆品市场增速也在持续上升，2013 年的时候高端化妆品增速为 10.9%，到 2017 年已经上涨到了 28.1%。虽然我国化妆品行业市场规模为全球第二，但市场规模增速已经成为全球第一，这说明我国化妆品行业在未来还有巨大的发展空间。高端化妆品和化妆品行业的迅速增长，得益于我国群众消费意愿的提高，且中国女性相比于平价化妆品更倾向于使用高端化妆品，尤其是 90 后、00 后女性，她们非常在乎外表和颜值，愿意为其付出高溢价，倾向于购买贵妇级的护肤品，遵循着"用最贵的眼霜熬最晚的夜"。截至 2019 年 3 月的一年内，天猫有超 5000 万的 95 后购买化妆品，MAC、雅诗兰黛、YSL、纪梵希、海蓝之谜等奢侈美妆成为 90 后、00 后最爱购买的高端品牌。毫无疑问，中国消费者对高端护肤品的热衷，直接推高了品牌们的营业额。

这些年多少美妆服饰博主打着自律的口号来号召中国女性减肥健身，且这种减肥文化渗透到了中国女性的各个年龄阶段，无论是十几岁的青少年，还是二十几岁的成年女性都有身材焦虑。

心理学家 Cash 曾做过一项调查，发现有 85% 的女性认为自己应该减肥了，只有 40% 的男性认为自己胖应该减肥，甚至还有 45% 的男性希望自己能够再胖一点。结果很显然，女生特别容易有身材焦虑，因为周围很多人会说减肥就是励志，胖就是堕落，身材不好甚至还有一点不道德。那么是不是那些本来就已经很瘦的女性就不焦虑了呢？相反地，她们也同样存在身材焦虑的问题甚至更严重，她们每天都会担心今天的自己是不是比昨天的自己更胖了，不管现在多少斤都想要更瘦一点。

我想无论是在我身边还是不在我身边的大部分中国女性或多或少都会有这种倾向，虽然不至于非常严重，但大部分女性都会认为自己需要减肥，或者是对自己的长相不够满意。

我们不难发现，有外貌焦虑倾向的人多为女性，而为什么中国男性普遍不会有外貌焦虑呢？其实细想一下主要存在两种因素，第一种是社会暗示下的择偶标准。我们都知道当代年轻人择偶观中，外貌是首要标准。虽然这个首要标准目前没有极端化的发展趋势，但颜值即正义的地位却没有被取代，但在婚恋市场中女性往往不会要求男性具有较高的外貌条件，即使现在网上普遍有女性认为自己择偶也要首先看对方的长相，但大部分女性在结婚选择对象的时候，最看重的仍然不是男性的外表。

中国有句古话说结婚是女人的重生，因此有不少女性将嫁得好当作是自己的重要人生追求，而大部分中国女性长期在这种传统思想的影响下不知不觉地就将自己所臆想的男性审美作为了自我要求，但这种要求简直没有理由。我们来看一个比较严重的案例，小美的手臂会长鸡皮疙瘩，这一直是困扰她的大问题，即使她现在还没有男朋友，但她非常担心未来的男朋友会因为她的手臂长有鸡皮疙瘩而感觉触摸体验不佳。小美认为在男性眼中女性的皮肤就应该是非常光滑柔嫩的，虽然很多女性都达不到这个标准。我非常惊讶于这些女性为什么在两性互动关系中经常会想要把自己置于一个被审美、被要求甚至被消费的位置上去呢？两性之间的亲密关系难道不应该是互相选择互相吸引吗？

虽然我知道大部分外貌相对普通的女性，其一生可能都在与自己的天生外貌条件做对抗。而那些本身外貌比较出众的女性则更倾向于巩固自己的这种优势，比起提升自己其他方面的东西，她们往往会更想要提升自己的美貌，而且很多美女也长期这样坚持过来了，当然这种坚持还是比去多看一本书多学一种技能更加容易一些。

我知道社会带给女性的这种暗示是潜移默化的，女性在长期受到这种暗示的影响下是很难完全依靠自己去转变社会对女性的评价体系的。哪怕是这个女性本身就没有婚恋计划，又或者是这个女性本身就已经拥有了恋爱关系，都或多或少会受到这种社会评价的影响，而在长时间的发展过程中，这种社会评价体系早就冲破了传统恋爱关系的场域，渗透到人们社会活动中的方方面面。因此我们经常会发现，当我们正在谈论某一个女性的时候，会情不自禁地先评价其外貌。比如一个女性在其某一领域中获得了较高的成就，无论是哪一家媒体对其进行报道的时候都或多或少逃不开对其外貌的评价。

对于普通女性而言，过度追求外貌的魅力或成为其在其他领域中表现不佳的一个发泄口，因此某些女性往往会在人生遭遇不顺的时候发出这样的感慨。"我一定是不够美丽所以我的人生才不顺利，那么我只要变得更加美丽，那么我的人生就会像开了挂一样顺利，我的生活也会因此发生改变"，这样的认知往往只能麻痹自己，给自己营造一种只要变美就可以获得完美人生的假象。这时候女性就会陷入疯狂减肥、疯狂化妆甚至整容的误区，误以为通过快速获得容貌回报就可以成为人生赢家。当然这在一定程度上也不能完全怪罪于中国女性本身，因为我们所生活的时代，无论是媒体还是娱乐明星，无时无刻不在向我们宣传着女性美。尤其是在各类化妆品、护肤品广告中，反复向女性传达的信息是抗皱、美白、祛痘、淡化眼纹等皮肤问题，反复观看这些广告我们会惊讶地发现，原来很自然的皮肤问题都会成为女性的外貌缺陷，只有尽可能地消除这些外貌缺陷才能够被称作美貌。我们暂且不论这些护肤品、化妆品所宣传的功效是否属实，每个女性或多或少都能够从商家的宣传广告中发现自己存在的皮肤问题，因此我们不难发现，即便是外人看来很完美的女性，其或多或少都会有容貌焦虑。正如我开始所提到的美女颈纹问题，这种非常正常的身体特征也会因为这些产品广告被女性看得尤为突出。

当然爱美是每一个女性的天性，但我们普通的女性本身就与每日精心保养终生致力于变美的女明星之间就存在着一个不可逾越的鸿沟，随着互联网的普及和发达，越来越多网红美女都在利用网络平台来展示自己的美貌，我们在日常生活中能够看到的美女也越来越多，因此我们会产生这个世界颜值都在提升的错觉。你只要将眼光放在你生活的周围，你就不难发现其实大家大部分都还是普通人，并不是我们所认为的社会整体颜值提高了，你也并没有你认为的那么不够美丽。即便是你最亲近的异性其实也并不是会时刻过分关注于你的外表，虽然你们在第一次见面时的印象非常重要，但在长期的相处和交往过程中，外貌并不能够对所有事情产生决定性的作用。

你要明白，除了外貌之外你还有你的优点，想要永远地吸引男友，就必须与其建立健康的亲密关系。而你现在的生活过得不如意，除了外貌你还要看到你自己所存在的不足，获取生活资源并不只是靠脸。我在这里想要表达给中国女性的是，无论你是抱着何种目的，择偶的标准是什么，美貌可能是你的优势，但要真正获得一个男性的认可并让其甘心被你利用绝不只能单凭美貌。

保持冷静，保持神秘，保持自我

两性可以说是上帝造就人类的最伟大发明，而男性和女性如何在建立亲密关系后达到性、婚姻以及爱情三方面的统一和谐，关系到他们一生的幸福，可是现实经常会事与愿违，你和他的感情或许会因为性格不合，或者是人性的弱点，再或者是第三者的加入而变为遗憾。

经常会有女性朋友问我，你对爱情、对婚姻做过这么多透彻的现实调查和分析，你能不能给我一些指导，让我度过那些爱情中和婚姻中的迷茫时期，让我和我的伴侣可以走得更加顺畅一点。我觉得这些女性朋友的要求很有道理，所以在本章中我将自己对婚姻对爱情所做的现实调查和分析献给广大女性，希望可以帮助你们获得幸福。

在对待两性关系的时候，很多女性都会有这样一个错觉，女人想要长久地留住男人的心，就必须足够漂亮，或者是能够给予男人事业上更多的帮助，拥有一个好的家境。但事实却是，大部分男人对一个女人钟情并不在于这个女人有多漂亮，否则也不会有那么多男人放着家里貌美如花的妻子不管，非要到外面去拈花惹草。

著名小说《安娜·卡列尼娜》中女主角安娜的哥哥就是一个非常典型的例子，安娜哥哥的原配妻子是一个家境优渥的千金大小姐，不仅人长得非常漂亮，还有着渊博的学识，人也非常有气质，但即使是这样一个处处都挑不出毛病的妻子，安娜哥哥也在新婚不久之后就背叛了她并迅速和一个普通的教师走到了一起。然而安娜哥哥的出轨对象，那名教师相比于原配妻子而言，不仅长相不如原配，身材气质家境学识也样样不如原配妻子，但即使这样，安娜哥哥也对她一往情深。面对其他好友的疑问，安娜哥哥说：我就是吃面包吃久了总想要换一换口味，总不能一直都只吃面包吧，偶尔也需要吃点甜品来调和一下，否则日子就太过于枯燥了。虽然现实中我们不能说每一个男人都会像安娜哥哥那样渣，总会有钟情的男人会一直喜欢吃面包，但确实也有很多男人即便他们不会像安娜哥哥那样作出出轨的举动，但也会在各种场所对其他女性产生兴趣，出现各种精神出轨。但对于这些男人来说，他们很清楚自己要什么，对于婚外的女人他们未必有多么深爱，只不过是看中婚外女人带给他们的新鲜感。所以在书中安娜也安慰她的嫂子说"我哥哥不会跟你离婚，我见过太多上流社会的男人，我比你更加了解他们，他们虽然表面上会被婚外那些女人所吸引，但内心深处是看不起她们的"。

事实就是如此，男人与女人一样都是受过教育的，我们所生长的传统社会观念就是看不起插足别人婚姻的第三者的，所以大部分已婚男士在面对那些知道对方有家庭还要上前勾搭的女人，他们内心深处是看不起的。而且这些男人也绝不会因为这些知三做三的女人而离婚，而他们之所以会对婚姻不够忠诚，根本原因在于在婚姻中他对她失去了兴趣，她对他不再具有吸引力。所以站在已婚女性的角度来看，如果你想要牢牢地抓住男人的心，光靠外表是不够的。就像安娜哥哥的妻子，其方方面面都十分优秀，但仍旧留不住丈夫的心。

如果你读过《安娜·卡列尼娜》这本书，你就会发现安娜哥哥的妻子留不住丈夫的心，其实在其日常生活中都是有迹可循的。结婚后她几乎将自己的全部精力都投入了家庭之中，尤其是有了孩子以后，她就逐渐活得没有自我了，不再注意提升自己，身材也开始走样。这其实是很多中国女性结婚后的通病，虽然老人常说，结婚是女人的第二次重生。很多女性结婚之后对家庭的重视程度达到了近乎疯狂的地步，结婚之后的一切行为都是为了老公，有了孩子后又将生活的重心放在培养孩子上，明明结婚之前个个都是光鲜亮丽的女孩子，结婚后就完全与结婚前判若两人。而这样的女性对丈夫往往也不再具有吸引力，这足以引起广大中国女性的警醒，无论我们在恋爱还是结婚，想要真正牢牢抓住一个男人，光靠外表是不够的，还需要在日常的生活和相处过程中，采取一些技巧和方法，保持自己有源源不断的吸引力，这样才能让丈夫感到足够新鲜，让他对你能够念念不忘。

要在日常的生活中保持新鲜感和吸引力谈何容易，所以首先我们要做到的就是保持冷静。很多女性一旦爱上一个男人就会变得特别主动，虽然我们鼓励大家勇敢爱大胆爱，要敢于向所爱之人表达爱意。但这并不意味着我们要永远在恋爱关系中保持主动，就如同《悲惨世界》中所说的，真爱在一个男人身上的体现永远是胆怯，而在一个女人身上的体现永远是大胆。所以我们女性本身在对待感情就比男性更加勇敢更加主动，但凡事都有过犹而不及，如果一个女性变得非常主动，这样就会使得男性很快对你失去兴趣。因为男性天生是喜好征服的一种人，你过于主动就会让其认为你太容易得到，根本不需要花费成本和精力，所以他们就不会再挖空心思讨好你，更不要提去获得你的关注和认可了。

其实人性本身就是如此，每一个人其实都拥有着其独特的征服欲望和挑战欲望，越是得不到的东西对人来说就越是想要得到，如果太过轻而易举获得的东西则会令其瞬间丧失兴趣。所以如果女性在与男性的相处过程中太过于主动，男人就容易产生不珍惜的心理。因此女性无论再爱一个人，也需要懂得与其相处的分寸，要保持冷静，才能激发他对你的兴趣。保持冷静就是在相爱的过程中，不要因为爱一个人而失去理智，我们在看待任何事物的时候都要冷静地透过事物的表现而看到本质，尽量要以理智的态度去分析事情，不可过于感情用事。要知道虽然女人的小性子和小脾气在男人面前是管用的，但男人更加喜欢能够跟讲道理的女性相处。

其次是要保持神秘保持自我，说到保持神秘，可能很多女性就头疼了，我们都在一起这么久了哪还有神秘可言。

　　我这里所提到的神秘感并不是说要有多少小秘密，而是在相处的过程中，我们将注意力和心思多放在自己身上，找一些自己感兴趣的事情去做，不断提高自己。这里我希望大部分女性朋友反思一下自己，在你没有恋爱之前，你是不是除了工作就是花钱打扮自己或是提升自己？为什么恋爱后不能保持这种习惯，一定要把所有的精力都放在男人身上？

　　《知否知否应是绿肥红瘦》中让我记忆最深刻的就是张大娘子和沈国舅了，张大娘子从小在英国公夫妇的爱护下长大，英国公夫妇老来得女，因此张大娘子从小无论是在物质方面还是精神方面什么都不缺，不仅如此她还习得一身好武功，能骑马能持剑，知书达理，样貌也是一等一，即使这样含着金钥匙出生的人生赢家她还从不娇惯，做人做事都非常拎得清。就这样一个天之娇女，下嫁给沈国舅，按常理说不是应该捧在掌心上对待吗？而老天爷可能也是看张大娘子从小命太好，就跟她开了个玩笑，她嫁给沈国舅后发现一切都和自己想的不太一样。沈国舅原配妻子因为保护当今皇后而亡，沈国舅为了追念亡妻就纳了亡妻的妹妹小邹氏为妾，张大娘子嫁过来就受到百般冷落不算还差点被小邹氏陷害难产。古时候丈夫就是女子的天地，受到这样的冷落张大娘子自己也心灰意冷，直到她在马球场上遇到女主角明兰，明兰让她把自己过得漂亮了沈国舅自然就会看到她的好。自此以后张大娘子就抛弃了对沈国舅和小邹氏的怨恨，开始专注于自己的生活，她在马球场上肆意展示自己的马术，在家里也展示出自己的治家手段。沈国舅也逐渐发现自己这个大娘子，其实英姿飒爽，没有骄纵的气质，内心坚强，也逐渐开始接纳她到后面对她一心一意。虽然每个人都不一定有张大娘子这样的出生，但从张大娘子挽回丈夫的过程中，我们可以看到她身上几个值得所有女性学习的特质。

首先是具有主见和想法，张大娘子嫁入沈家后经历了数次风波，但她从来没有怨天尤人，内心坚强，在汴京所有人都孤立明兰的时候，她能看到明兰好的一面，不人云亦云，而在对待与沈国舅之间的婚姻时，她扛得起风波和挫折，也能够看清楚他们之间的婚姻是一场利益的权衡。古代女子嫁人后就没有太多选择，张大娘子也深知，这场婚姻是没有回头的余地的，想要后半身踏踏实实地过日子，她只有经营好与丈夫的关系这一条路。面对妾室的刁难、丈夫的冷漠，她也没有想过要与丈夫离婚，她自始至终都明白日子是需要通过自己的努力过好的。

其次是情商够高，能够直面挫折。沈国舅的原配大邹氏，是一个温柔贤淑的好妻子，是白月光一样的存在，然而妹妹小邹氏却心肠歹毒，处处算计着张大娘子。从小在富养中长大的张大娘子，自然是不屑跟小邹氏争宠吃醋的，她在沈国舅面前保持着一个高门嫡女的骄傲和自尊，姿态从来不卑微。面对婚后无爱的困境，张大娘子没有自怨自艾，而是在痛苦和挫折中走了出来，领悟到了盛明兰的处世智慧，便开始从提高自己、快乐生活方面努力，最终重现笑容修炼出高情商。

最后一点也是最重要最值得所有女性学习的一点，那就是活出自我。其实我们经常在网上所说的"绿茶婊"，大家以为男人眼里就真的分不清楚吗？他们分得清楚不过是懒得去分、懒得去辨，男人就是这样，只要自己是得益者，那么他们很愿意装聋作哑，但实际心里比谁都清楚。但大家要知道，人性本善，所有人内心深处都是渴望真善美的，不过是因为现实的压迫而不得已伪装。我们来看张大娘子，她的性格是整个汴京出了名的耿直和豪爽，在大结局宫变的时候，她能够从容不迫地召集家奴应对贼兵，平日她不屑于和妾室争风吃醋，也不屑于与汴京那些阴阳怪气的娘子一起议论是非。她就是将自己最性情的一面完全展示给了沈国舅，也正是因为她敢于活出自我，才让沈国舅逐渐改变对她的看法慢慢爱上她。所以我们女性在与伴侣相处的过程中，需要向对方表现出自己真实的一面，不要因为想要取悦对方而不敢表达自己的意见，长此以往对方可能就会慢慢变得根本不考虑你的意见和感受。要学会表达，活出自我，女性要先爱自己，自己都不爱自己，别人怎么会来爱你。

在《挽回计划》中我告诉学员：女人应该将精力多放在自己身上，自己变得优秀了自然就会吸引到男性。我有两个学员就是在学习完《挽回计划》后成功挽回了感情，以下是她们学习收获的感悟。

学员莫静：潇邦告诉我，做人本该如此，做女人就本该如此。生活遮住了我们的双眼，让我们的心灵蒙上了灰尘，我们需要找到自我、真我。真诚让我们的心更有魅力，我们由心而发的魅力产生正能量的吸引，吸引的不只是男人，这就是潇邦老师的魔力，他给我的生活带来积极的影响。

学员嘉文：参加了《挽回计划》之后，我看到自己身上过往不好的影子，破除了爱情臆想症。过去我看不清自身价值，把自己的心包裹起来，现在意识到问题，还是缺少直击心灵的赤裸裸的剖析。在生活中有人直接说我的不足之处，我就会缩起来保护自己。现在明白了，只有将人内心中脆弱的面诚实地展露出来，才能真正在心灵上获得成长，才能真正地跟自己心爱的人正常地交往相处下去！

第六章
女性求索哲学

女大难嫁还是男大难婚

催婚是烦恼大多数 90 后、95 后甚至 00 后的大问题，我国自改革开放以来社会经济就处于飞速发展状态，社会的改变对人们生活的方方面面都产生了深刻的影响，社会正在转型，而男女对待婚姻的态度和观念也在发生巨大的变化。中国传统的观念就是男大当婚女大当嫁，而现如今却早就变成了男大难婚女大难嫁，各类相亲软件、网站充斥着现代的剩男剩女，即便是亲友努力搭线、朋友四处介绍也逃不了现下这个婚姻难以匹配的问题。

剩男剩女多背后隐藏了诸多社会隐患，婚姻家庭是社会组成的基本单位也是重要单位，无论是婚姻还是家庭对于整个社会而言的意义都非常重要。剩男越多社会治安隐患就会越大，犯罪率也会随之攀升。而对于男性和女性个体而言，其个人的幸福感与婚姻有着密不可分的联系。我国受工业革命的影响，婚姻家庭一直受到社会经济发展的挑战，因此在学术界不仅是社会学在讨论两性问题和婚姻问题，在心理学和经济学上其也被广泛讨论。

国外曾有一个经济学专家利用成本收益分析法探讨社会婚姻家庭问题，得出的结论是婚姻家庭的成本不仅包含了法律费用，还有一笔大的费用就是伴侣搜寻成本。由此可见两性无论哪一方想要获得圆满的婚姻都必须要付出较高的伴侣搜寻成本，影响两性选择伴侣的因素无外乎两点，一是对方的财产性收入和工资，二是对方的个人特征（相貌、智慧及受教育程度）。其中工资收入的高低对于男性的初婚年龄影响要大于女性，而无论是男性还是女性其个人特征对其婚姻推迟问题的影响都是较大的，不难看出两性的收入高低对其婚姻决策起着不可忽视的作用。

改革开放之前我国女性普遍受教育的程度不高，而改革开放后女性受教育程度在不断提高。与男性存在较大区别的是，女性的结婚年龄会随着其受教育程度的提高而推迟，而对男性的影响则较小。社会经济的发展带来的是婚姻挤压，不可否认的是我国大部分男性面临较大的婚姻压力，这个压力不仅是经济上的还有心理上的，因此女性想要匹配一段合适的婚姻难度是很大的。

我国男性未婚人口的比例要比女性更高，究其根本原因是在计划生育之前，我国大部分家庭的主要劳动力来自男性，因此大家也更加倾向于生育男性，男女比例失衡是导致目前我国单身男女婚姻匹配困难的重要因素，我国的婚姻市场上每年有约15%左右的男性过剩人口。不仅是男性在婚姻市场上面临巨大的压力，一些高收入高学历的女性也同样面临着婚姻匹配困难的情况，并且女性的经济越立会使得其结婚的可能性锐减，而高学历高收入的女性也会带给男性较大的压力。虽然当下社会的普遍价值是鼓励女性经济独立，其收入越高越好，但实际情况却是女性收入越高就越难以找到与其匹配的男性，因此结婚就越困难。

我在寻找我国剩男剩女婚姻问题相关资料时，看到了几个有趣的关键词"女博士""黄金圣斗士""白富美""高富帅"，这些热点词语频繁地出现在有关我国男性女性婚姻匹配的问题上。国内相关研究专家对此做过调查，发现剩女的比例会在受过高等教育的女性群体中显著提高，而之前常开玩笑的女性拥有了博士学位就嫁不出去也并不是空穴来风，女博士们剩下的比例确实要明显高于其他学历的女性。"白富美"和"高富帅"是当下社会男性和女性择偶的最优选择，有趣的是男性的身高达到了175cm左右时其剩下的比例会开始锐减，其年收入达到了10万元左右时其剩下的概率也会明显下降，而女性的年收入在10万元左右时其剩下的比例最少，10万元以下比例显著提高，而超过10万元比例又再逐渐提升。那么问题又回来了，到底是男大难婚还是女大难嫁呢？如果我们将男性30岁及以上、女性27岁及以上视作剩男剩女标准的话，会发现我国男性婚姻匹配困难程度是要大于女性的，也就是说男性相比于女性而言更有可能会"剩下"。

看到这里我想大部分女性也就松口气了，因为女性确实相比男性而言更容易匹配婚姻，更不容易剩下。接下来我们讨论一个更加现实的问题，就是剩男剩女到底会对我们的福利和幸福感造成怎样的影响呢？

《人口与经济》2015 年第五期杂志就对"剩男剩女"的代价进行了幸福感方程分析。从最后结果来看，成为剩男会使得男性的幸福感降低至少 0.42，而成为剩女则会使得女性的幸福感降低 0.31。且据这个调查报告提示，婚姻对剩男和剩女的影响程度都远远超过了月收入对其幸福感的影响。由此可见，在中国这样传统观念根深蒂固的国家中，男女是否能够顺利找到婚姻匹配对象并组建成家庭，对其幸福感都有着非常关键的意义。

那么剩男剩女需要付出的代价究竟有多大呢？这次调查也给出了结论，利用阿瑞克方法结合幸福感方程模型计算出了男性和女性为不成为剩男剩女的平均支付意愿，据此可以了解到剩男剩女所付出的代价。以男性的计算结果为例，所有男性能够为不成为剩男而支出的样本平均收入为 22792 元，而再由样本平均收入得出的剩男代价金额则为 80579 元。这说明男性为了维持自己的幸福感，愿意为不成为剩男而每年支出高达 80579 元的费用。我们再来看看中国男性平均的年收入，中国网民规模高达 7 亿多人，其中八成以上的人口月收入在 5000 元以下。而如果中国男性想要达到年收入 20 万元以上的目标则需要每个月收入达到 1.6 万元以上。我国劳动人口参与率 67.5%，月入 5 千元是常态，就连一线城市中男性的工资大多也只是在 6 千元左右。深圳的工资中位数为 5199 元，而上海是 6378 元，北京是 6906 元，另外一些新一线城市，比如重庆、成都等城市的工资中位数都没有超过 6000 元，因此我国大多数普通的男性每年可获得的收入为 6 万 ~7 万元。可大家看看这个调查结果，即便普遍的男性年收入不足 10 万元，但他们仍然愿意花费自己全部的收入甚至超过其收入而不愿意成为剩男。

在中国其实男性想要在合适的年龄结婚的欲望要远超过女性，甚至很多男性不在乎自己是否爱结婚对象，他们认为自己到了一个适合的年龄应该结婚，那么他们会花费大量的时间和精力去结婚。不信你们可以去婚恋市场看看，到底是女性择偶的要求多还是男性的择偶的要求多，一般在相亲过程中男性对一个女性没有太多负面感受，这个女性的家庭背景和外貌条件基本符合这个男性的要求，只要女方同意，那么他们不久后就能步入婚姻的殿堂。男性将所爱和适合结婚分得很清，即便是年轻时风流成性的男性，到了适合结婚的年龄，他们也会寻找那些可能不够喜欢但却适合结婚的女性结婚。

为什么男性在结婚这件事情上比女性愿意付出更多的金钱呢？因为受我国男女人口比例的影响，男性成为剩男的可能性要比女性成为剩女的可能性高出 2.37 个百分点。可谓是男大难婚要难于女大难嫁。婚姻是爱情的坟墓，不结婚就等同于死无葬身之地是曾经红极一时的《咱们结婚吧》中的一句经典台词，虽然这句话有夸张的成分在，但用于形容当下快节奏的城市物质生活下的婚姻问题非常贴切。剩男剩女所需要付出的代价不仅仅局限于其自身，其也能够对整个社会的福利产生巨大的影响，且关系到社会的稳定以及和谐，因此需要引起我们每个人的重视。

当代自由女性的求索困境

随着人类社会的不断进步，女性思想的不断解放，越来越多的女性都拥有了自由意志和思想，我们在日常生活中也随处可见自由女性，她们不懈追求美好的精神。

自由女性形象来源于 20 世纪 70 年代莱辛的作品《金色笔记》，该书所传达的思想被视作世界妇女运动的先驱。西蒙娜在 19 岁的时候就发表了关于个人的独立宣言，号称绝不会让自己的生命屈从于他人的意志，她的确也终身践行了自己的宣言，按照自己的意愿度过了精彩而又美好的一生。现实中抱着这样愿望的女性想必不在少数，支持妇女运动并不意味着是要与男性开战，最重要的是女性该如何在现实社会残酷的压力面前去寻找自我，并不断明确自己的身份，最终做到走出自我。所谓自由女性，就是摆脱了社会所定义女性的特征，也就是传统的相夫教子家庭妇女形象。

那到底要怎么样做才能摆脱家庭的束缚和身份的自由呢？其实我想在

很多人的心中都有一个疑惑，那就是根据目前很多小说中的描述，自由女性是不是一定要有绝顶聪明的头脑，并且在其所从事的领域中不断进取，拥有独立且自尊的人格，可以在自己所租下的公寓中肆意嘲笑那些具有传统家庭意识且被传统观念所束缚的女性，因为这些自由女性有自己的独立经济收入，加上不会受到太多家庭的束缚，因此对欲望的追求也并不会有太多的顾忌。因此她们与那些被老公束缚着的妻子们拥有更多的优势，也因此充满了活力。从表面上来看，这些新时代自由女性无论是对职业、精神还是两性关系上的追求都与男性一样获得了自由，这些女性不仅有明确的自我意识，还有在这个社会中独立生存的能力。从一定程度来说可以算得上习俗外的一名成员了。

这些自由女性大多厌倦了传统的家庭生活，也不想再受到传统家庭关系的束缚，但其实内心又非常渴望能够拥有一个幸福和谐的家庭。可谓是既想拥有理想的情人又想要维护自己的精神自由。

自由女性的自由往往伴随着压抑、痛苦以及焦虑，所以从某种意义上来说自由的定义十分尴尬。这种自由到底是不是这些自由女性所追求的理想生活，还是一种摆脱的尴尬处境呢？安娜曾经以自己为原型塑造了一个角色爱拉，这个角色经济独立且思想进步言行自由，是一名具有相当才智的女作家，她将自己的情感看作神圣且不可侵犯的。但如果我们将自己代入到这个主人公意识当中的时候我们就会发现，所谓的自由女性其实坍塌了现实理性世界，女主人公安娜成为自己心中所追求的自由女性之后，开始对异性关系变得极其紧张，她的一切政治信仰和反叛都显得极为虚无。因此安娜陷入了内心的恐慌与混乱之中，并逐渐开始影响到了她的事业，她渐渐失去了创作能力。号称自由女性的安娜也一直以异性的价值取向来塑造自己，在经历了一个又一个的男人之后，她的自由状态成为那些男性利用她的最好理由，想要在这种情况下来寻找真爱简直就是天方夜谭。所以这位自由女性最终不仅没有达成自己的自由意志，还反而一直受到女性生理特征的束缚，加上其长期情感没有得到稳定的寄托，严重缺乏安全感，因此时常会感到孤独和恐惧，即使事业很顺利也不能使她的心灵得到慰藉。

有人说无论身处于哪个阶层的女性，其都有可能会在结婚前索要彩礼和房车，我认为这种说法是对的，但在中国依然存在一个完全不一样的舆论场。

举一个非常简单的例子，同样是索取彩礼和房车，中国的一些底层人民，这里所说的底层主要是指文化程度较低的人，他们在婚姻中男方以及其父母会更敢于坚持赤裸裸的生育欲望，比如要求女方结婚一定要生二胎等，有些男方和父母甚至会提出希望生男孩这样滑稽的要求。在这个阶层中，女方家长也会产生一种自己女儿有义务为男方生下男孩的观念。更有甚者会要求女方在结婚之前证明自己是具有生育能力的，只有女方证明自已有生育能力了，男方才会和女方结婚，这些现象主要都发生在底层阶级中。

女性想要自由显然是一件非常困难的事情，首先需要精神自由独立，其次需要财务自由，只有精神和物质都完全独立了那么才能获得真正意义上的自由。很多女性可能会问，实现自由这么难是不是我们永远都获得不到真正的自由了。当然，如果我们以这样的想法去寻求自由可能会发现自由好像非常难，但是我们也可以适当地转变一下自己的观点，以别样的形式去获得自由。

什么是女性自由？我认为就是你可以根据你自己的心情穿衣，无论你是想要穿比基尼还是想要穿汉服都可以不管别人的看法。你也可以拥有吃高热量食物的自由，有不被人定义的自由。有人总说什么年龄就该做什么年龄的事情，比如女人30岁之前必须结婚生子，30岁之后要相夫教子，这些你都可以不听，你可以选择30岁之后结婚，也可以选择不生孩子，这都是你的自由，你不被人定义的自由。最近网上很流行"白幼瘦"的女性审美，你也可以不按照这个审美去约束自己，你可以瘦你也可以胖，你可以不美丽，你也可以变老，你可以享受时光给你带来的变化，这是你的自由。我不认可女性自由就一定是要事业有成，对于每个女性来说，她们都有可选择奋斗事业或者是回归家庭的自由。无论你是想要继续奋斗事业，还是希望继续读书深造，或者是大胆去追求你的梦想，那都是你的自由，你可以不管任何人的意见。你还有单身的自由，也有选择爱情的自由。所以你们看，如果我们不把自由定义为一个特定的状态。那么我们会发现，好像自由没有那么难，自由其实就是你可以是很多种样子，这些样子的总和组成了你真正的自由。

自由对于女性而言不仅体现在她们的心理层面，也在现实生活中存在着某种虚拟性。爱和自由意志是人类追求的两大精神需求，所以在现实生活中，女性想要求索，就不能够将自己依附于男性的所谓爱情，并将其与自由混为一谈，活在自己为自己营造的虚幻幸福之中。不要把爱情视作为自己的生命，更不要把爱情视作自己的唯一信仰和寄托！敬仰自由，勇敢爱！

女性哲学

从哲学的角度来看，女性和男性之间确实存在非常大的哲学态度差异。虽然很多学者都反复强调，个体的差异是大过性别差异的，但我依旧认为大部分女性的命运生来就是一致的，无论她们生活于这个世界的哪个角落，都需要花费大量的时间去探索与自己身体和生活和解的真理。这在很多男性眼里看起来确实很不值得一提，甚至有男性认为这只是在浪费时间。男性所关注的东西都太过理想和宏大了，这些似乎在女性哲学之中起不到什么太大的作用。如果说女性哲学这个词涵盖的意思太过于广泛了，那么像其他各类哲学是不是也同样适用呢？比如中国哲学、日本哲学、欧洲哲学等，那是不是探讨这些哲学就毫无意义呢？

在中国女性群体中存在一种焦虑叫家庭主妇焦虑，在中国你只要被冠上了家庭主妇的称号，那就意味着你可能与整个社会都脱节了，这是很多现代中国女性所不能够接受的。女性与男性一样生而为人后就会产生各种各样的焦虑，在新时代中这种焦虑有关于年龄的也有关于生育、家庭、婚姻的。你翻开手机各类社交软件看看，大部分推文都是以多少多少岁为开头取题目来吸引人，比如 40 多岁的女人该怎么样，30 多岁的女人又该怎么样，等等。这让我们不禁想要问一句，女性哲学到底怎么了？

事实上在美国，哲学家的很多名师都出现过性骚扰学生的事情。自从博格案事件曝光之后，很多女性哲学家才意识到一个问题，性骚扰事件频发的主要原因在于哲学界肆无忌惮地表达对男性的偏好。曾经就有五名女哲学家在美国纽约时代报刊中发表了女人在哲学界的专题，在这篇文章中五位女哲学家痛斥了当前哲学界对女性的歧视，并向大众披露目前哲学界男女比例严重失衡、性骚扰事件频发的问题。分析当前哲学界普遍认为女性并不适合学习哲学的这一刻板印象，并分析了这个刻板印象的由来以及成因，认为这是导致当前哲学教育存在学术不平等的主要因素。

中国台湾女哲学家也对此发表了看法，认为大部分女性在哲学学术界获得的支持要远远少于男性哲学家。苏格拉底的妻子就曾被他的学生记载为善妒的泼妇，自此女人在哲学界的处境一直都非常堪忧，甚至连一些非常出名的哲学家比如亚里士多德、康德等都发出质疑，认为女性并不能全然理性地对待哲学。在美国大学的哲学教席中，女性所占据的比例仅仅只有 20%，较学校中其他所有人文学科中的比例都要低得多，且这些女性的著作在顶尖学术期刊中的引用也仅仅只占了极小的一部分。而反观我国的最高学府北京大学，其中教学系中共有 39 名全职教授，而这里面也只有一名女性。或许很多女性都可以像一些出名的女哲学家比如阿斯戴尔一样在哲学的领域中去寻找能够使其感到欢欣的挑战和自由，并且着迷于一些特有的哲学术语，在自己的生活和社交领域中获得启示。

在哲学上我们可以将其定义为一份远离偏见的事业，但哲学领域中女性人数过少却是不争的事实。针对这一现象有很多解释，虽然并不是所有人都会直接表露出对女性哲学家的偏见，但很多人依然会下意识地对女性哲学家提供的相关数据表示质疑，认为其并不全是在理性的状态下得到的实验数据。

现代女性事业家庭难以两全是现实问题，但现实中确实有很多女性一手兼顾事业一手还要操持家庭，事业和家庭两手抓确实是一个很难的事情。在先进发达的西方国家中，经过大部分女性的努力，社会上很多职业女性的比例已经超过了男性，但在哲学系上却没有做到这一点。哲学推崇的是沉思生活，但大部分人认为这一点并不属于女性，相反他们更加重视男子气概。

哈佛大学哲学系教授就为此专门写过一本书——《男子气概》，大致内容就是讲述亚里士多德的勇敢，认为哲学家是男性气概的尺度。虽然女性也有成为哲学家的可能性，但她们总是喜欢用个人的眼光去看待事物，这样就会使得她们变得不那么像哲学家。该教授还特意在解释这一观点时讲了一个笑话——"男人说女人的麻烦是她们总是用个人的方式看待事情"，女人则回答说"这不适用我"，我从中几乎都能够听到这些男性哲学家傲慢的笑声。在过去，女性总是受到轻视，很多哲学书籍中也几乎是用男性的话语来描述，这从一定程度上带着对女性的偏见。当然《男子气概》这本书一面世马上就受到了很多女哲学家的批评，不仅如此，在当今社会中只要是有一定现代社会常识的人应该都清楚，女性所极力推崇的女权就是为了消除性别之间的不平等，而显然《男子气概》在不断美化男女之间的不平等。

说回正题，我是鼓励广大女性去学习哲学的。在中国，很多女性天天都被年龄焦虑的问题所困扰，我其实并不是想多说女性年龄的这一问题，因为没有任何意义，你的社会作用和你的年龄也没有多少关系。上文提到即便是在思想先进的西方发达国家，女性学习哲学依然会受到很多不公平的对待。在中国就更甚了，中国女性从小到大都生长在一个被灌输年龄焦虑的环境中，很多人在这种情况下不仅不能意识到问题反而会据此来攻击别人。

我们经常会听到长辈说，女人超过 30 岁就嫁不出去了，你趁现在还年轻要赶紧嫁出去，似乎在很多中国人的眼里老就是一件非常不好的事情，好像老了你这个人就失去了魅力失去了价值，所有事情都必须抢在年轻的时候完成，否则当你老了你就无法完成了。不仅如此，你会发现甚至还会有年轻的女性拿"老女人"这种字眼去攻击比自己年龄大的女性，这真的很荒谬，女性一生都需要去追求自由并在男性社会中寻求和解，但似乎总是不够团结。作为女性，我觉得即便是不去学习哲学，也应该了解一些女性哲学，女性自身需要在生育、身体、亲密关系以及如何实现自我价值中不断挣扎，并据此在社会中寻找到自我的价值以求生存空间。

很多女性经常会因为害怕受到家人和朋友的贬低而不敢用心地努力一

件事情。女性能够走的路似乎向来就只有两条，一条是一直坚持做一个独立的女强人，并且一直将这条路走到底，无论用什么方式什么手段。另一条就是苦心经营家庭关系，做一个普通的家庭妇女。

当然无论女性选择哪一条路都是不容易取得胜利的，而且很大程度会输得一无所有。很多女性都很疑惑，为什么我们的生活会变得如此极端呢？但那些所谓的能够很好地平衡事业的女性们，她们私下就没有撕裂和纠结了吗，背后的苦水又有多少人能够知道呢？

我们都知道新生的胎儿在长到三岁之前都必须和母亲培养亲密的关系，否则这些孩子长大后就会面临各式各样的心理问题，这些心理问题往往会把女性束缚住。留给女性选择的路就那么两条，要么你在生育之前就做完全的准备，要么你就要做好能够牺牲自己去成全他人的准备。但这个世上的事情哪有什么准备是完全的呢？要做到什么程度才叫准备完全呢？很多孩子都是在父母自身都还没有做好当父母的准备下出生到这个世界上来的，所以考验女性的问题又来了，我想这个世界上很少会有女性不想要给自己的孩子无条件的爱吧。但这个美好的期望向来都是伴随着条件的，比如牺牲和成全，这好像是自古以来中华女性的传统美德，并且这两点在很多女性身上都得到了印证。

很多女性在单身的时候可以自己给自己做饭吃，也不需要考虑别人，饿了的话想吃就吃，看到贵一点的美食也能咬咬牙买给自己。但当女性结婚后有了孩子，孩子就变成了她们最在乎的对象，需要做饭给孩子吃。这个时候女性就会发现，曾经自己单身的时候不能够理解那些做母亲的心，到现在却越来越理解了。那些身为人母付出的努力实则包含着大量的爱与心血，这样我们开始重新审视母亲这个角色，并与之产生了更深的共情。这也不禁让很多女性回忆和反思，她们开始明白母亲一直在担心什么、忧虑什么，为什么她们会在这些年做出这样的选择，她们为孩子准备食物的时候又在想什么。

这里不得不提最近几年引发中韩两国网友热议的一部电影，这部电影叫《82年生的金智英》，这部电影是根据小说改编的。小说的作者叫赵南柱，他曾在被采访中说过一句话"我认为女性主义就是让任何人都不再因为自己的性别而错失机会或者选择权，我希望她们的声音不会被抹去，发声的嘴也不再会被封住"。金智英的一生可以用真实而又窒息来形容，这部电影讲述了金智英的成长、生活、所面临的压力和选择。它将韩国普通女性看不到尽头的绝望制作成了一幕幕逼真到可怕的影像呈现给了观众。"金智英"这个名字在韩国八十年代出生的女性中非常常见，我们的主人公金智英也是在1982年的韩国出生的，金智英的父亲是公务员，母亲是家庭主妇，有一个姐姐有一个弟弟。从金智英的出身背景来看，她其实是一个普通又平凡的女性，生活不会过得太好但也绝不至于太糟。但结婚后金智英的生活就发生了巨大的改变，她怀孕后不得不辞去工作，在家里专心地相夫教子。这好像是现代女性结婚后都需要面临的一个大问题，影片一边为观众呈现金智英现在所进行的生活，一边讲述着金智英过去的生活。两条土线交织让我们真实地感受到了金智英结婚前后的生活差异，感受到了她的压抑和窒息。而金智英的母亲和金智英有着相同窒息的遭遇，金智英母亲年少时为了哥哥们的学业不得不选择辍学打工，把打工赚来的钱全部都补贴给了哥哥们的学费。而金智英的母亲自始至终也没有等来父母和哥哥们的道歉，金智英从小也生活在一个重男轻女的家庭中，父亲每次出差也只会买礼物给弟弟，自己和姐姐则从来收不到一件像样的礼物。父亲只知道弟弟的喜好，对金智英和姐姐不闻不问，甚至在金智英受到男同学的骚扰时，父亲也只会责怪金智英裙子穿得太短了，还警告她不要随意对别人笑。结婚后金智英也依然得不到幸福，不停地做家务，婆婆的步步紧逼，让生完孩子不久的金智英因此逐渐患上精神分裂开始用各种人的语气讲话。全家人在得知金智英生病后也开始意识到之前对她的忽视，金智英也就此开始接受治疗，在影片的结尾，金智英如愿以偿地开始了自己的写作之路。影片中金智英曾对面对催生表现得很无所谓的丈夫说，我现在可能会因为生孩子而失去青春、健康、工作、社会人脉、人生规划、未来梦想等等，但是你会失去什么呢？这一句话不知道出了多少女性的心声，很多女性都会面临结婚生子的问题，但却经常因为这个问题在职场中受到各种不公平的对待。

我希望每一个女性都可以活成自己想要活成的样子，不要被世俗所定义，不要因为被别人说应该去怎样做就去怎样做，而是要活出自己想要活出的样子，就如同金智英母亲对金智英说的那句话一样，想做什么就去做吧！

第七章

两性相处智慧——在请求支持下获得

恋爱总是用力过猛，警惕"一厢情愿"

我经常遇到这样一种女孩，她们每一次恋爱都拼尽全力，恨不得将世界上所有的东西都送到男友面前，早上送早餐，中午帮男友点午餐，晚上给男友做晚餐，帮男友洗衣服，关心对方的一切动向，有一点风吹草动就要"倾巢而出"。经常会因为男友一个小举措而患得患失，每一次争吵都撕心裂肺，每一次付出都用尽浑身解数，最后分手的时候经常会说的一句话是"我对你这么好，我这么爱你，为什么你不能够像我爱你这样爱我"。

在恋爱中用力过猛的女生一般都是性格缺爱的人，这种人有以下几种特征。

一是性格慢热，这种人一般比较内向，与初次见面的人说不上几句话，但是熟了之后你会发现他会对朋友特别好，而且经常会对比较要好的朋友付出很多，把握不住付出的程度。

二是一旦投入一场恋爱之中就马上将自己全盘托出，完全不考虑对方是否能够接受。这也是性格缺爱的人非常严重的一点恋爱误区，对待另一半毫无保留，所以一旦对方有对不起自己的地方他们往往会非常崩溃，甚至有的人还会做出一些非常傻非常蠢的行为。我之前就见过一个女孩，她谈过很多次恋爱，按理说应该不缺乏恋爱经验，但她每一次恋爱都不长久，并不是她不够优秀对对方不够好，而是她经常会在恋爱中给对方一种近似于窒息的爱，后文我会向大家细说，这里先按下不表。

三是极度缺乏安全感，经常会在恋爱中表现得非常黏人，甚至希望另一半可以完全放下手中的事情时刻陪伴着自己。

四是所付出的感情与对对方的了解程度不成正比，这类女孩经常在确定一段恋爱关系后就立刻沉浸在感情之中，哪怕其实两个人并没有很深的了解，甚至感情也刚刚起步，她们就一门心思地沉溺在这份感情之中，并且对这份感情所付出的热情也与两人相处的时间不成正比，大多时候这类女孩都是刚刚与人交往就开始热烈地向对方付出。

五是患得患失，总是认为自己的爱情是至高无上的，随时担心对方不满意自己，会将自己抛弃。

从性格缺爱的人经常表现出的以上几个特征就不难发现，其在爱情中最明显的表现就是一厢情愿，无论是患得患失还是敏感多疑，这些人经常会克制不住自己想要向对方付出的想法，表面看上去爱对方非常深但实际上却是一种极度缺乏爱的体现。这些性格缺爱的人往往在一段感情中会自顾自地扮演一出悲剧，不仅不会因为付出而获得真爱回报，还会经常被视作一厢情愿。

　　从我对这些女孩的观察来看，这些女孩往往偏向于花费 100 分的力气去解决一些并不需要花费那么多力气解决的问题，可是她们偏偏执着于追求一个最佳的效果，所以老想着逼迫自己去用尽全力，掏心掏肺地冲击，而多付出的这些力气，实际上是她们自作主张地单向生成，而内心又非常希望能够由对方来负责，这样就会让对方觉得很疲惫，时间一长对方会产生我并不想要你做这么多你却非要做这么多的抱怨想法。因为一般情况，很多人是招架不住你平白无故多付出的力气的，因此他们往往会选择逃避或者置之不理，总之你就是很难达到你想要获得的回馈。而每当对方做出这样的举动后你就会倍感失落，甚至滋生出一种被抛弃的感觉，但这一切其实都是因为你用力过猛而导致的。

　　所以我们必须找准令我们在爱情中感到失落的原因，而我们要做的就是有的放矢地解决问题。很多缺爱性格的人投身到一场恋爱中会不自觉地变得十分缺爱，无论是她们想要时时刻刻地和对方黏在一起，还是对对方拥有极强的占有欲，这些都是她们潜意识缺爱的表现。而一旦她们在恋爱中将这些缺爱反应表现出来，就很容易在恋爱中迷失自我。所以性格缺爱的人需要去正视这个现实问题，那就是性格缺爱导致你在恋爱中失去自我这件事情本身，到底问题出在谁的身上。很明显这就是你自己的问题，无论是你的过度付出，还是你的全力以赴，还是你的失去自我，你要明白这一切都是因为你的一厢情愿所造成的，从始至终都是你的自我感动而已，对方不是加害者，你也更不是受害者。如果你发现你是本章说讲的性格缺爱，在恋爱中全力以赴的人，那么请按照如下两点来改正。

首先，一定要不断提醒自己降低期望值。性格缺爱的人必须承认的是，每次当我们花费100分的力气向对方付出的时候，并不是毫无期待，我们期待的是对方给我们100分的回馈。很多缺爱的人都很容易有这种想法，在付出的同时也非常渴望对方给自己相同的回馈，并期望依靠这种极端的方式来不断证明自己在对方心中的重要性。但如果我们可以将自己的期望值放低一点，试想一下当你在全力以赴的同时，你并没有提高自己对对方的期望值，甚至假设对方并不会给自己任何回馈。那么即使你不收敛毫无节制付出的行为，那么付出后的结果也并不会太让你感到失落。你的所有失落大多是因为你在付出之前对对方怀抱太多的希望，所以当对方没有给你想要的回馈时你的希望就会破灭，输出的动力也会随之消失，那么这个时候即便是你依靠自己的惯性去付出，想必也坚持不了太久。所以在恋爱中缺爱性格的人最好是提前给自己打预防针，降低期许，这样失落感就会减少。

其次，一定要学会对抗焦虑。其实这一点不只是性格缺爱的女性要学习的。之前就有很多女性朋友问过我相同的问题，为什么自己每次一恋爱就会感到非常焦虑，总是担心自己哪个地方做得不好或者是哪里不够完美，对方嫌弃自己。大家想必经常会在身边见到这样一种女生，本来平时活得挺潇洒挺自在的，但每次一恋爱就感觉活得很累，早上要提前起床化妆，和男朋友吃饭不能吃太多，甚至连走路都要时刻注意形象，整个人给人感觉就是非常别扭、忸怩、不自在。有时候旁边的人甚至恋爱对象都会不禁感叹，平时多大方多自在的人投入恋爱中怎么会变得如此不自在。归根结底这都是因为自己在恋爱中过度焦虑导致的，总是希望将自己精力全部放在对方身上，一恋爱就丧失自我，让对方感觉自己总是无所事事。其实像这类人只要适当地将自己花费在恋爱中的一半精力放在自己身上，去做一些自己感兴趣的事情就不会在恋爱中产生过度焦虑的情况了。简单点来说就是一定要有自己的生活，自己的朋友圈。

情侣之间依然需要谨言慎行

我们每个人从小所生长的环境都有所不同，虽然说性格这个东西很大程度上取决于你的基因，但由于生长环境，即便是相同基因的人也会产生出不同的性格。有的人生来就十分单纯，这种人即便是到社会中受尽毒打，他们也依然会对未来抱有美好的向往；而有的人则会因为在生活中经历了太多变故性格开始变得圆滑，知道见什么人该说什么话；也有人天生直肠子，想到什么就说什么，虽然这种人会给人一种真实直爽的感觉，但也非常容易得罪人。

很多人会认为，两个人恋爱，肯定都是将对方视作最亲密的对象，那么自然是什么话都可以向对方说的。这其实是一个感情误区，即便是再亲密的关系，也并不是可以想说什么就说什么的，有些事情一旦说出口就收不回去了，两人的关系也可能会因为你的一句话而变味。

通常情况下，两个人在交往过程中，女性是掌握话语权的那个人，因为男性真的天生就没有女性那么喜欢说，那么擅长说，所以女性在恋爱关系中的地位决定了她们如果懂得怎么说，就能够经营好感情。真正聪明的女人是懂得在恋爱中谨言慎行的，她们的谨言慎行经常会体现在以下几个方面。

第一是在面对对方的缺点甚至是毛病时谨言慎行。我们知道大家都是普通人，不可能十全十美，也不可能完全没有任何缺点，再完美的人都可能多多少少有自己的坏毛病和缺点，如果并不对他人造成太大的影响，那么只要去慢慢改正就好，尤其是当我们遇到那些比我们自身还要优秀很多的人，我们一定要学会学习他们的优点弥补自己的缺点，这样你才可以在恋爱中把自己变得更加优秀。我想要提醒广大女性朋友的是，无论是恋爱还是工作学习，我们在这个社会上生存，对人对事都要保持一颗积极学习的心态，这样我们的人生路才能走得更加平坦更加顺畅。

我们在生活中总能见到一些女性，她们非常喜欢在外人面前吐槽自己另一半的缺点和毛病，而且每次吐槽的时候都是一副恨铁不成钢甚至咬牙切齿的样子，丝毫不顾及对方的感受和面子。我也经常看到这些女性的男友在听完女性的吐槽后会表现的笑嘻嘻，然后两人一到家就会爆发争吵。真正聪明的女人即便再不喜欢另一半的毛病和缺点，也绝对不会在公共场合吐槽另一半，因为聪明的女人知道，向外人吐槽自己的另一半实在是非常愚蠢的行为。我们试想一下自己是外人，在听到对方向自己吐槽另一半时会是什么感受，首先会觉得你们感情不好，其次会觉得你男朋友毛病多，最后还认为你不给男朋友面子。你看，我们把自己代入外人就能发现，在外面吐槽另一半是多么愚蠢的行为，你不会因此达到让另一半改正缺点的目的，反而会影响你和另一半的感情，在外人看来你们的恋情也并不好。真正聪明的女人，在发现另一半有很多缺点的时候，不会在外人面前吐槽他，只会在私下两个人的时候提醒对方，然后帮助对方去改正这些问题，她们通常在外人面前会给足另一半面子，做到谨言慎行。

第二是在面对对方感情经历的时候谨言慎行。大家都是成年人，到了一定的年龄难免或多或少有那么几段感情经历，有过几个前任。很多事情既然已经成为往事，其实就没有太多必要去提起，并且现在对方既然已经和你在一起了，其实从一方面也说明对方放下了之前的那段感情。但总有些女人会在恋爱中不停地向对方询问他前任们的情况，想要知道他们当初有多恩爱，对方和他又发展到了哪个地步，甚至一些小事情都想要了解得一清二楚，对方不想回答也要逼迫对方回答，总是喜欢纠结前任的事情，问清楚了后还会发脾气不高兴。这样做不仅会引发另一半对你的不满，还可能会让对方不禁想起前任的种种好，对方如果因为你的不断询问而跑去和前任复合了，那么吃亏的人又是谁？

真正聪明的女人非常清楚这个问题，她们知道在当下不断追问对方与前任相处的事情是非常愚蠢的。她们也知道两个人在一起是需要展望未来的，两个人需要看重的也是未来，过去发生过的事情就让它过去就好了，如果心里放不下嘴上还要一直念叨，总是拿一个现在你们根本都没有交集的人来和自己做对比，不仅自己不好受，也容易让对方感到厌烦。

　　第二是在面对钱财问题的时候谨言慎行。我身边所有情侣在一起后都会感觉花销变大了。俗话说得好，一个人是可以过得寒酸点的，但两个人一起过得寒酸就显得比较可憎。所以一般情侣在一起后双方都难免会花很多钱，要在一起吃饭逛街看电影，但由于两个人都还没有结婚，所以钱也是各自用各自的。很多情侣的相处方式是今天我请你吃一顿饭，下次我再请你看一场电影。我们中国很少有情侣提倡 AA 制，除非双方都是学生没有任何经济来源，那么 AA 制无可厚非。基本上大家工作之后谈恋爱都不会主动要求 AA 制，大家都觉得恋爱如果太过计较交往起来也没什么意思了，而且现在女性独立思想这么盛行，大部分女性都是认同恋爱中男方是没必要承担全部的开支的。但总有一些女性把握不住这一点，经常在两个人刚刚确立恋爱关系不久就着急询问对方每个月的收入、对方目前的存款，等等。完全不顾及对方的感受，这些女性通常认为男人在恋爱中必须拥有足够的物质基础，否则就难以让自己过上好日子。殊不知这样的做法会让对方给你贴上拜金女的标签，甚至会认为你跟他在一起别有用心，说难听点就是想找一个免费提款机。所以聪明的女人在对待恋爱双方的钱财问题的时候从来都是谨言慎行的，在建立一段感情之后，她们知晓自己哪些话可以说哪些话不应该说，毕竟我们自己就拥有独立的经济，所以在两个人还没有决定结婚之前，两个人只要互相喜欢就够了。所以作为女人，一定要懂得在恋爱中该说什么不该说什么，无论是恋爱还是为人处世其实都是一样的，说话之前一定要过大脑，要懂得换位思考。在说这句话之前问一问自己，如果对方这样对自己说，自己会不会感到不舒服，不要认为和对方关系亲密就可以什么事都直接脱口而出，丝毫不计后果。俗话说得好，祸从口出，很多事情其实只要我们思索一下不说那些伤人伤己的话，那么结局可能会有所不同。

下面我们来看一个案例，小玲和小帅是在旅游过程中认识的，两个人一见钟情互相加了联系方式后发现对方在同一个城市，随后不久就确立了恋爱关系。恋爱一开始两个人很甜蜜，形影不离你侬我侬，互相都视对方为灵魂伴侣，那叫一个羡煞旁人。但是甜蜜没多久，两个人就屡屡发生争吵，在争吵中都互相放狠话，都觉得当初看错了人，这段恋情来得快去得也快，不久两个人就因为性格不合分手了，而且闹得特别难堪，不欢而散。分手后小玲意志消沉，她很郁闷，觉得开始真的都互相爱对方，两个人都爱好旅游，看的书差不多，小帅爱玩游戏，刚好小玲也爱玩，从来没有阻止过小帅玩游戏，怎么爱情就这么经受不住考验。她百思不得其解，就将自己和小帅相处过程的种种告诉了我，经过分析，小玲才恍然大悟，原来两个人分手的关键还是她的嘴。什么情况呢？小玲家庭条件非常优渥，父母工作稳定收入高，自己从小成绩好，长得也甜美，可以说是朋友眼中名副其实的白富美，任谁看了都得说一句小帅有福气。有句话叫美而不自知，我觉得这句话是十分有问题的，美女从小都生活在别人的赞美和追求当中，怎么可能会做到美而不自知呢？小玲也不例外，从小到大她受尽了赞美和宠爱，自然也心高气傲。和小帅在一起之后，她在和小帅的相处过程中总是带着那么一丝小骄傲，有时候就会不自觉地摆出一副高高在上的态度去对待小帅。明里暗里都是对小帅的打压和嘲讽，很多次吵架冷静下来后小玲明明知道是自己的问题，但就是不肯低头道歉，不懂得该给小帅留一点面子。时间一长，小帅当然就受不了这种打击，觉得自己做什么说什么都得不到小玲的认可，什么事情都总是自己在让步，所以就选择离开了。

经过我的分析，小玲这才意识到自己原来不仅骄傲强势，还经常在说话的时候不过脑子，喜欢用近乎损人的方式去和另一半讲话，于是决定今后要注意自己的这一言行，不再咄咄逼人，也不再任性了。像小玲这样的女生真的很多，最经典的就是当年大火的《失恋三十三天》的黄小仙，我知道说到这里肯定有很多人想要反对了，认为黄小仙挺可爱，而且勇敢专情，拌嘴的时候还伴有一丝小可爱。但你要知道黄小仙这样性格火辣强势又毒舌的女性，加上白百何来扮演，可能在荧幕上确实能够讨很多观众喜欢。但我们来看一下黄小仙和陆然分手真的就只是怪陆然吗？我想即便他们之间没有第三者的介入，分手也是必然的结果。为什么这么说呢？具体来看陆然和黄小仙分手的这段戏，陆然说："黄小仙，你真不明白吗？我们两个人是一不小心才走到这一步的吗？你仔细想想，在一起这么多年了，每次吵架，都是你把话说绝了，一个脏字都不带，杀伤力却大得让我想去撞墙一了百了，每次吵完架，你舒服了，想没想过我的感受？每次我都得像狗一样地靦着脸给自己找一个台阶下！你永远都是趾高气扬，站在原地一动不动。这一段楼梯，我已经灰头土脸地走到最下面了，你还站在最高的地方，我站在这下面，仰视你，仰视得我脖子都断了，可是你却从来都没想过，全天下的人，难道就只有你有自尊心吗？"这是陆然和黄小仙分手后喝醉酒对黄小仙说的话，说话的时候激动到有些歇斯底里，他将自己和黄小仙相处这么多年来所积累的不满和愤恨一股脑全部都倒出了。当然我在这里并不是想为陆然平反，他再觉得苦闷再觉得憋屈也不应该用出轨的方式来结束这场恋情。但是作为被出轨的一方黄小仙就一点错都没有吗？我们可以从黄小仙与人相处的过程中看到她是一个自尊心非常强，强到甚至有点毒舌有点刻薄的一个人，虽然这些都是观众喜欢她的地方，认为她够真实够可爱也够有个性。但如果我们不是观众，代入一下身边有这么一个人，动不动就对你趾高气扬，埋汰你，吵架了即便是自己的错也绝不认错。有一个这样的恋人难道我们会觉得好受吗？你还会觉得她够有个性吗？

陆然说："这么多年，我只感受到一个感觉！累！"在恋爱过程中他只能一直退让，一直仰望着对方，甚至要把自己的自尊心抛弃将自己放低到尘埃里面去，而这样做等来的不是对方的理解而是更加无休止地践踏。虽然我知道黄小仙是一个善良的人，她本质上是很心软的，对陆然这样也并非出自她的本意，但也足够让陆然在这个过程中一次又一次地感到失望，感到寒心了。

我经常听到很多女生说，其实每次和男友吵架冷战的时候，心里就是希望他可以过来哄哄我，或者不愿意开口过来抱抱我也可以，只要他稍微安慰一下我，我就能跟他走，就能原谅他，我们就可以和好如初。但是为什么他就是不来哄哄我，就是不来抱抱我，虽然我知道我说了很多绝情的狠话，但是我心里并不是这样想的，为什么他就是不懂我想的。其实很多时候对方知道你说的狠话都不是认真的，但是你们有没有想过，当你们发生矛盾的时候，本来只是出现了一个小小的问题，这个时候只要两个人去解决这个问题关系就可以修复了，但你不仅不去解决问题，反而是通过向对方放狠话的形式来对待这次感情矛盾，那么原本的小问题可能就会变成你们决裂的导火线。

我们退一万步来说，即便在吵完架后你认识到你的问题，对方也同意你的挽留，但对方心里就不会留下点疙瘩吗？长此以往必然是积重难返，因为对方并不会选择性失忆，他可能现在嘴上不说，但在今后的相处过程中也难免会时不时想起你对他说的那些狠话，而这些狠话很可能就会成为你们关系里的定时炸弹。所以与其在伤害对方后再去苦苦挽回懊恼，不如现在就立马反思下自己，在感情中不要轻易地放狠话，要学会换位思考，学会多给对方留一点余地，给对方留余地其实说白了也是在给自己留余地，给两人的未来留余地。

爱情也需要引导和投资

在这节中我想先向大家提一个问题：你为什么要谈恋爱？其实我想大家的答案无非是想说自己有谈恋爱的需求，那么大家的恋爱需求是什么呢？稳定？安全感？认同感？包容？尊重？性需求？无论大家是出于什么需求去恋爱，都可以将恋爱视作自己的一份事业，你如果想要得到这份事业，你就必须经营这段感情，在经营的过程中就必须付出相应的人力、物力、财力，这些都是经营感情所必须付出的成本，对一个公司而言，经营可能是有迹可循的，感情也是如此。

那些盲目加入自己个人喜好没有任何顾忌，也不会去考虑对方的需求和感受的人，是不会懂得感情的规律的。所以要想经营好一段感情，我们首先要做的是正视感情，正视一切感情的客观发展规律，而不是单单依靠自己的想象和想法去对待感情。之前我遇到过很多对经营感情一窍不通的学员，他们都在过去很多课程的学习中逐渐掌握了经营感情的技巧。言归正传，我想表达的是大家在经营感情之前一定要明白一个经营感情的规律，这个规律其实就是投资。感情与做生意是一样的道理，有了投资和引导，才会有回报。只有你有目标地去进行一个项目的付出，那么或多或少都能有所回报。大家对感情的投资所想要得到的回报都大同小异。但由于我们每个人的"投资技巧"有所不同，因此所得到的结果也会有所不同。我们在对感情进行投资的时候一定要想清楚，我们的投资目标是什么，这样才能明确投资方向，朝着这个投资目标去努力。

在投资中有一个概念叫作沉没成本，是衡量经济决策的一项指标。所谓沉没成本，就是指那些之前发生过的付出不可回收，但与当前的投资决策之间并无关系。也就是说后续无论你作出怎样的投资决策，那么之前所投资的成本都是不可再回收的。如果从投资角度来看的话，之前所投资的资源只是造成现在这种状况的一种因素，我们目前做出决策时需要考虑的是未来，也就是目前所作出的投资行为会给未来带来的收益，不要去考虑之前投资所产生的费用。因此如果投资者能够拥有绝对的理性去对待决策，那么其就无法回避沉没成本。

实际上，很难有人在进行投资决策时能够保持完全的理性，尤其是在面对感情的时候，我们考虑的不仅仅是这么做是否会对我们有好处，而是会想我之前是否也是这样做的，这次这样做会不会得到与之前一样的结果。

请大家仔细回想一下，我们在失恋和痛苦的时候，经常想的并不是对方对你造成了多大的伤害，而是我为对方付出了这么多，对对方这么好，为什么对方会如此对待自己。这时你会感到非常伤心，你伤心的其实是你的沉没成本，为了尽可能地降低对方分手的概率，或者是增加双方的感情浓度，那么我们必须要在恋情一开始就引导对方，很多女性在爱情中处于被动的一方，其原因就是在于不会引导。有些人只会等待着幸福的自动到来而忽略了一件事情，那就是幸福是一种能力，并不是你觉得我想要幸福就会自动到来，也不是你想要对方给你他就会给你的。比如很多女性经常抱怨自己的男朋友不懂得自己想要什么，认为对方每次都不能够满足自己的期望。在我看来问题真的不全在男方，因为很多男性就是这样在爱情中像个榆木脑袋。你如果不能明确地告诉他想要什么，他就是不知道。很多女性就想问了，但我是真的不好意思跟他说我想要什么该怎么办。当我们在责怪另一半不懂得自己心思，又难以主动开口告诉对方自己的心思时，我们需要思考一下自己有没有引导过对方，那么既然你从来没有引导过对方，为什么又要抱怨对方不懂得你的心思呢？虽然在感情中一开始就对对方进行引导会增加我们的沉没成本，但将来大家回忆起这段恋情的时候，想到的都是你点点滴滴的付出，他就会沉醉于这些你们共同经营的故往之中，变得难以离开你，且在分手的时候他也会考虑到你们在一起时的各种付出更难离开你。这也是为什么现在有很多男人，即使在外面找了小三小四，他也还是不愿意跟家里的原配夫人离婚，原因也非常简单，就是他自身的沉没成本非常高，离婚对他们来说更是一种经济决策，对他们而言是不划算的。

幸福是一种能力，经营一段良好的感情并不是件容易的事情，但可惜的是很多人直到失去后才认识到这一点。在学校里也没人会教大家这些东西，好在现在越来越多人开始关注经营感情。

感情和做生意是一样的，你要推广一种商品，都知道需要先进行各种市场调研，了解目标消费者的类型以及消费需求，为什么轮到感情就成了你想要什么对方就必须给你什么呢？不能够满足你的期望你就不高兴，这样来看是不是自己都觉得十分可笑？不过只要我们有这个意识和认知就是一个好的开始。你始终需要明白一个道理，幸福是一种能力，是需要我们不断学习的，感情是一种投资，我们要不断增加对方的沉没成本，在他不知道该如何付出的时候，对其进行引导，这就是我们需要在感情中引导的意义和必要性。

第八章
沟通艺术——如何避免不必要的争吵

沟通不是比赛也不是考试

在本章开始前我想向大家提出一个问题，如果你在工作中对领导安排的工作感到困惑，你是会选择继续询问领导工作内容还是会选择去猜测领导的意思呢？我想可能大部分朋友都会选择后者，还有一些朋友可能会跑去问一些经验比较丰富的同事，以此来获取经验。但基本上很多人都不会选择前一种，就是继续询问领导，因为我们害怕如果反复询问，会让领导觉得我们笨或者是没有认真听。有这种想法的小伙伴们其实都是下意识地在猜测的过程中加入了感情。其实小孩子都明白一个道理，"知之为知之，不知为不知，是智也"，我们很多人心里也认同这个道理，但在实际生活中却很难真正做到。

我询问过一个开公司的朋友，遇到这种情况，员工应该怎么做？那个朋友不假思索地告诉我当然是继续询问领导了，其实虽然可能会有个别领导觉得你再次询问他是比较笨的表现，但大部分领导更愿意我们在工作没搞清楚前就向他问个明白的。我们试想一下，如果你是领导，你是愿意员工在工作开始前就把不明白的地方搞明白最后工作出错的概率低，还是愿意员工不甚明白就去完成一项工作？你看如果你下意识将自己代入领导这个角色，要选择前者就非常容易了。

其实不仅是在工作中，生活中我们也经常会以自己的意愿去猜测另一半内心的想法，而且总是会习惯性地给自己和对方加戏。在我的身边就有很多这样的人和例子。比如一对情侣，男生会问女生你想不想要那个包包，女生一般都会很刻意地告诉男生，不用不用我还有很多包包呢，挺多的不用买新的。男生一般听到女生这么说就会当真了，然后女生就会想这个男生太抠了，连包包都不愿意给我买，我只是跟他客气客气他就当真了，想来是并没有诚心想给我买包包，他要是诚心的话我就算说不要他也应该买给我啊。

再比如说两个情侣一起看电视剧，男生看到女主角的发型特别好看就对女生说，我觉得这个女生的发型挺好看的，也挺适合你，比较修饰脸型。这时候女生就会自己脑补：我目前这个发型是不是一点都不好看？不然他为什么想要让我换发型，会不会是我最近吃太多长胖了，他觉得我的脸看起来有点大，还是说他已经没有那么喜欢我了。让女生产生这么多内心戏和想法的主要原因还是在于女生在男生对自己说完话之后并没有客观地按照对话的内容去思考，大部分人都潜意识地选择了猜测，用猜测的方式去揣摩对方的想法，甚至是去臆想对方的心理活动，那么恋爱双方自然就会因此而产生很多矛盾和误会了。

　　大家有没有发现往往一些误会和矛盾只要双方多问一句，其实就解决了，多问多表达其实就是最好的沟通办法，你想那么多、思考那么多、考虑那么多，其实倒不如你率先向对方开口多问那么一句。即使我们经常会认为自己已经完全读懂对方的意思了，也明白对方的想法，那么最好的做法也是先向对方确认一下，到底对方是不是如我们所想那样，只要对方不亲口承认自己就如同你所猜测的那样，那我们就不要去推断对方的想法，去猜测对方的意图。

　　下面给大家分享一个案例。小琪和男朋友小张已经在一起好多年了，但小琪还是非常敏感小张与其他异性的交往。有一次小琪在小张的陪同下来和我们打麻将，小张就坐在小琪的身边打王者荣耀，小琪虽然身在牌局，但心思一直关注着小张的游戏动态，当时小张在打游戏时开了团队语音，突然小琪就听到小张的手机里传来一个女性的声音，小琪牌也顾不上打了马上就警觉地问小张，我刚才听到有个女生跟你撒娇是不是。小张说没有啊，小琪也就没有继续问了，后面小张下楼买水，小琪就问我们你们觉得刚才那个女生是在撒娇吗？我们其实也没太注意小张的动向就说没有听到，后面小琪也无心继续打牌了一直在猜测小张是不是和游戏的女生搞暧昧。我当时非常不解，就说如果你一直怀疑他你就直接问他好了，在我的劝说下小琪才把小张又叫回来，向小张表示她刚才很介意游戏语音中的女声，小张恍然大悟，然后把手机拿给小琪看，就是他朋友组的一局王者荣耀，里面有个女生不过是他朋友要追的，女生当时说的语音也不是对小张讲的，是对小张朋友的，这才把误会解除了。你们看，多小的一件事情，只要困惑的一方将心中的疑惑说出来，另一方只要说明清楚事情的原委就好了。我们试想一下，如果小琪一直憋着不去问小张，一直揣测这件事情，那么两个人就会在今后的日子不断产生误会。

生活中的小误会积累多了就会产生矛盾和纠纷，尤其是情侣之间，一旦误会和隔阂没有得到有效解决，到最后一定是朝着不好的结局发展的。所以我们在和伴侣相处的时候，有什么问题一定要当时问出来，你不问对方就不知道，你问了有误会大家当时就解决了，你如果憋着不问，或者过了很久问，会给对方一种"哦"原来你一直怀疑我一直不信任我，到今天才来问"我"这种感觉，这样是非常伤害彼此之间的感情的。

所以有问题要马上说，不要轻易去猜测对方的想法，你觉得你猜测的八九不离十了也请你务必要向对方确认一下。比如我开始提到的男生想要给女生买包包这个事情，既然你是愿意给女朋友花钱的，那我们一定要把这个钱花得值花得让女朋友开心，如果你只是假惺惺地问下她要不要包包那你最好就不要问，你自己想买问了女朋友，如果女朋友说不用我包包很多，这时你该怎么回答？你应该说我是真的想给你买个包，你如果包很多确实不想要包要不要看看喜欢什么，或者是我挑不好包包，你去看看你喜欢的款式，选一款我给你买。首先是要表达出自己确实想给对方买包，并且给对方几个选择，如果这时候你女朋友再说真的不用，那就是她真的不想要了，但你的心意已经完全传达给对方了。这时候你女朋友不要包你不买，她也不会生出你太抠门假意给她买包的念头。

另一个沟通问题就是辩论倾向了。我发现自从《奇葩说》大火了之后，很多人喜欢把这种辩论方式带入自己的生活中，或者是有的人就是天生好强，就连与伴侣相处的过程中也总喜欢去争输赢争对错。本节重点就是想要告诉大家，在爱情中的沟通不是比赛更不是考试，没有你所谓的输赢也没有你所谓的对错。伴侣之间的沟通在于能否解决问题，通过沟通能否达到双方所想要达成的目的，所以如果一方的胜负欲太强就很容易把一场心平气和的沟通变成一场辩论赛。即使在辩论的过程中你赢了，但却失去了一开始想要沟通的目的。

有些人认为别人对自己提出意见是在质疑自己的能力。对方向你提出质疑的时候，你需要做的是冷静，先不要下意识地去反驳对方，先审视下是否是自己出现问题了，如果发现自己有问题，我们要做的是先敢于承认这个问题，不要老是想着我没有错我不想承认，这样根本解决不了问题，对方也会认为你是在无理取闹，自然也就不想在与你进行沟通，长此以往两个人能够沟通的东西就会变得越来越少。

当然承认自己的错误是需要一定勇气的，当我们向对方大胆承认错误的时候，其实在对方看来你确实是想要进行有效沟通，即便你的错误已经惹得对方很不愉快了，但这时候对方的怒气也会因为你主动承认错误而下降很多。其实主动承认自己的错误不仅适用于情侣之间的沟通，工作上也是一样的，比如你在工作中遇到一些比较麻烦的客户，在与客户沟通的时候，客户不像我们的家人和朋友，他不会跟你拐弯抹角他会直截了当地质疑你的工作方式、内容。这个时候你可能会认为客户在刁难你而感到非常生气，但是也不要选择和客户硬杠，你可以先倾听客户提出的要求和建议，然后表示自己非常乐意接受客户所给出的建议和要求，之后你再抒发自己的感想和意见，让客户了解到你做这个工作的思路和能力，以免客户因为不了解你工作思路而产生质疑。

很多女生在恋爱过程中非常想要对方和自己有一样的观点，并很容易激动地让对方接受自己的观点，虽然情侣是我们非常亲密的人，但你换位思考，如果他不是你的伴侣而是一个非常普通的朋友，你会强势要求朋友接受你的观点和看法吗？你这样强势地要求对方是不是已经侵犯到对方的权利了呢？对方是否有权利制止你这种行为呢？所以我们尽量不要带着辩论的思维和目的去与别人沟通，面对伴侣有着和我们不一样的选择和看法时，要改变我们的沟通模式，可以吸收也可以接纳对方的意见。

下面我们来看个实际的案例。小陈和小何是一对恋人，小陈比小何大4岁，小何刚毕业小陈已经工作好几年了，毕业后小何来到小陈的城市并到一家公司工作，这个公司是个上市的房地产公司，待遇非常好，五险一金公司包三餐，还有各种免费的下午茶。但上市房地产公司非常忙碌工作节奏也非常快。小何刚从慢悠悠的大学生活中出来，一开始非常不适应这种工作节奏，经常会在工作中犯错误，也不能及时完成领导安排的任务。所以她就经常和小陈抱怨工作，小陈认为小何刚毕业能到上市公司工作而且待遇也很好，其实是可以稍微付出点辛苦坚持下来的，工作做久了做熟悉了就会少出错了。小何根本听不进去便说小陈不心疼她，她想要辞职重新找一份工作。小陈就劝她再坚持坚持，小何嘴上答应着心里却一直想要离职，随后有一天小何在工作上吃了亏被同事打了小报告，一气之下就跑回家里，公司的假也没请就想直接辞职了。回到家后小陈就耐心地劝解她，这个世界没有什么待遇好的工作是非常轻松的，而且你第一次工作，这家公司能够很好地磨炼你，你要是离职了可能不容易再找到像这样一份好的工作了，你先去和领导同事沟通了解下自己的问题，然后咱们再慢慢改正就好了，你说你不想加班，业务也不熟悉可以加一会班，等把业务搞熟悉了咱们就不加班了。小何根本听不进去小陈的任何一句劝解，她就认为小陈应该无条件站在她这边，跟她一起抱怨领导抱怨同事，所以她不仅没听小陈的话还把工作辞了，回来又和小陈大吵了一架，认为对方不够爱自己，就怕自己不挣钱了要他养活。小陈觉得小何太无理取闹了，一气之下就回单位休息也不回家了，小何在家里越想越气，第二天又出门去找工作了，结果她才发现工作这么难找，要么离家远要么工资低，没有一个待遇是能够令自己满意的。于是她开始后悔没有听小陈的意见，但这个时候两个人已经产生了隔阂，感情已经无法回到最初了，经过这件事后小陈认为小何太过于意气用事也逐渐产生了想和她分手的想法。小何分手后很想不明白，难道就因为自己辞了一个工作就落到这个结局吗？其实我们来看看，他们两人仅仅是因为工作吗？如果小何在小陈提出意见的时候考虑下是不是自己工作太不仔细太马虎的问题，先虚心接受小陈的意见，然后去和领导沟通下自己的不足，再去想办法弥补。

像小何这样刚毕业的大学生，智商情商都没有什么大问题，想必不久后工作就会得心应手，这样一来和小陈在一个城市里，各自都有稳定的收入，那么两个人日子肯定会越过越顺心的。当然他们分手也不全是工作问题，我想如果小何的工作确实太过于糟心，和小陈好好沟通说确实做不下去，接受小陈的意见去调节，还是经常会感觉在工作中受委屈，那么这时她再和小陈沟通，小陈肯定也不会劝阻她辞职。如果小何在初次沟通的过程中表达了自己愿意承认错误愿意改正的意愿，小陈也会思考是不是工作确实太刁难人了，而不是一味认为小何在无理取闹。

所以你看，沟通的第一印象给人非常重要，如果你在和人沟通的第一次就展现出不想接受别人的任何意见不愿意改正自己错误的态度，那么你就会给人留下一种无法讲道理的印象。在今后的相处过程中，遇到类似的事情别人就不想再和你沟通了，因为认为和你沟通就是无效沟通没有任何意义。

情侣之间的有效沟通技巧

看完上一章节想必很多朋友都想问，怎样沟通才算是有效沟通呢，怎样沟通才能解决我们之间的问题。为什么那么多情侣明明非常相爱但经常会因为沟通方式错误而频繁产生争执，发生争执的次数多了就会渐渐积累不满情绪，两个人也会因此产生越来越多的隔阂。如果说吵架能够解决问题和矛盾其实吵架也不算没有意义，但如果吵了架还是没有解决彼此之间的问题，那么下次还是会因为同样的问题吵架，如果每次吵架双方都不能解决沟通的问题，那么旧问题还没有解决又会马上滋生出新的问题。遇到新问题后双方又不知道该如何解决了。

很多情侣为了不吵架经常会把很多事情都闷在心里，以为这样就可以通过减少争吵而避免彼此出现感情问题。殊不知这样只会让彼此的关系越来越疏远，双方心中还会因此滋生出很多疑惑。两个人在恋爱的过程中需不需要沟通呢？太需要了，两个人在恋爱的过程中只有通过有效的沟通才能帮助双方进行磨合，才能够更好更长远地走下去。有效的沟通不仅可以帮助我们解决存在两人之间的矛盾点，还可以促使两个人的感情迅速升温，大家有没有感觉，每次和对象吵完架两个人将心中的问题都说出来并且解决了这些矛盾和问题，两个人就会比之前更加恩爱。人性就是如此，很多人决裂并不是一次吵架而导致的，基本上都是因为长期无效沟通没有解决两个人之间存在的根本矛盾，最后怨念堆积得越来越深，导致两个人渐行渐远甚至分手。

大部分情侣产生争执的主要原因都是在相处过程中出现了一些意见的分歧，两个人的想法和观念发生了冲突。但是我们首先要明确一点，这种情况是所有情侣都会有的，是一件非常正常的事情。我们普通人在与别人表达自身意愿的时候下意识地会站在自己看待问题的角度和自己的立场上说话，因此很容易忽略掉别人的感受，这种情况比较严重的人还会在与对方交流的过程中难以听到对方的意见。所以要进行有效沟通我们首先要做到的就是学会换位思考，当然这一点不仅适用于与伴侣的沟通，也适用于与同事、与朋友、与父母的沟通。

我们在与伴侣沟通前一定要懂得站在对方的角度去看待问题、思考问题，学会站在对方的立场上去与别人交流，我们在进行换位思考的同时能够让对方感受到你是关心对方的，是感同身受的，这样就意味着你在向对方传递一个信号，我不是自私的，我是有站在你的角度考虑问题，我想和你沟通是为了解决问题。这样一来在沟通前我们就能和对方建立起一个比较良好的氛围，这样即便到后面两个人发生了争吵，也不会将吵架的情绪推到最高点。

要知道只要双方能够在沟通的过程中稳定住情绪，那么后续的沟通也会逐渐转化为有效沟通，也就是说我们在开始沟通前关键在于需要为对方传递一种信号，那就是表明自己的立场和态度，这样才会让对方感觉自己是想要和你沟通的，如果在沟通前连起码的态度也不想表明那么后续说再多也只是无效沟通。情侣之间沟通最忌讳的一点就是我想要怎么样，我认为你应该怎么样。这样的态度是会让对方感觉压抑甚至是窒息的，遇到一个脾气再倔一点的人，那么就会出现双方僵持的状况。所以说我们在沟通前一定要让对方充分感受到你是想要去解决问题的，不要强迫对方接受你的想法和观念，要让对方明白不是为自己辩解才要找他沟通问题的，也不要持续不断地表述自己的想法，要倾听对方的想法，这样才能避免对方出现想要逃避沟通的情况。

比如很多女生都不太喜欢男友打游戏，认为男友每次打游戏都不管不顾的，男友在打游戏的时候自己受到了冷落；还有些女生不喜欢自己男友和其他女生有过多的接触，这样会让自己感到地位受到了威胁，但每次告诉男友不要打游戏、不要和其他女生玩的时候，男友都觉得女生在无理取闹，而且每次都是敷衍地答应而后还是会继续。面对这种情况我们到底要怎么样和男友进行沟通，才能解决这一问题。就如上文所说我们先要向男友表示自己是站在对方的角度去思考的，不要让男友觉得我们是在无理取闹。

　　比如我们可以选择这样的开场白来与男友沟通，"亲爱的，我知道你每天很累想要玩游戏放松一下，我不是不让你打游戏，我只是想和你沟通下你玩游戏的这个时间"。一开口就要先体谅对方工作辛苦想要玩游戏这个行为，然后表达自己的立场，我不是不让你打，我只是想和你解决一下你打游戏这个时间问题。这样对方肯定不能反感你又来管我打游戏了，有些人问那这样说他还是很不耐烦怎么办，如果你这样说男友都很不耐烦地不想和你沟通那绝对不是你的问题了，是这个人的问题，那你就该审视下你们之间的关系了。

　　一般人在听到女友体谅自己想要沟通的时候，都会表现出很愿意沟通，而且我之前也说过男生是理性的生物，他们很乐意去理性地解决问题而不是不沟通不解决。所以你们就进入了下一步沟通，这时你再向男友表达："亲爱的，虽然我不反对你玩游戏，但你每次玩游戏都忽略我，我很想和你在一起多玩一会，你下次可不可以适当地玩游戏，留些时间给我们过二人世界。"你看这样表达，让男友知道你是赞同他打游戏的，你想解决的是他每次打游戏都忽略你的事情，这次沟通的目的也表达清楚了。这时候一般男性都会觉得你非常懂事体贴又很爱他，有什么理由不和你解决问题呢？那么下一步你就可以表达自己的观点了，你认为他什么时候玩游戏可以或者是给玩游戏定一个时间范围，然后你们再针对这个问题去沟通，这样一来问题就能够得到有效解决。

　　而不想男友和女性接触太多，又该怎么说呢？我们可以用别人的例子为自己打开沟通的前奏，比如"亲爱的，我朋友最近和我抱怨她男友和其他女生走得太近了，我觉得男生有几个女性朋友没什么，平时跟女生交流也无可厚非，但是有了女朋友还是应该注意一点，特别是举止，太过亲密就不对了，你说对吧"。先通过朋友的事情来点一下对方，告诉对方我不反对你和女性交往，但是有我之后你就该注意了，不能过于亲密。这时你再告诉他，自己很爱他所以也不喜欢他和别的女生说太多话，如果他这样自己会感到伤心难受。大家注意到没有，这时候的沟通女生看似在向男生示弱，但其实是在表达自己的观点和想要解决的问题。我们所处这个时代其实人人都在宣传女生应当自强，所以很多女性不愿意也不会在爱情中稍微向对方示弱，甚至认为女生示弱就是丢失自我，就不是现代自由女性了。

我之前就反复强调过，男性是天生的征服者，我们在和男性沟通时，太过强硬会勾起对方的胜负欲，不仅你很难达成目的也会伤害两个人的感情。所以在恋爱中适当地示弱，不仅可以促进你达成目的，还能够增进两个人的感情。其实很多时候男生没你想的那么傻，但他们就是这种生物，你柔柔弱弱地告诉他你的要求，他们其实也愿意去满足你。

除了要换位思考外，我们在和伴侣沟通时还应该注意一点，那就是尽量不要指责对方，要学着接纳对方、肯定对方。其实很多情侣在沟通过程中演变为争吵的原因并不在于他们所沟通的问题本身，而是对方对待问题、解决问题的方式并不能够让你满意，同样你表达意愿的方式也让对方无法接受，那是因为你在沟通过程中向对方传递出来的态度和情绪并不是想要和对方商量问题、探讨问题，而是充满了指责和质问。

在与对方沟通的时候不断指责和质问，对方就会产生你不信任他的感觉，对方长期得不到你的肯定就认为自己无论怎么说怎么做都难以获得你的认可，同时也会对你对他的指责感到不满，有些不善言辞的男性还会干脆做出不想和你沟通、拒绝和你沟通的举动。当我们看到对方做出不想沟通的举动时，就更加生气地指责对方，这时对方也不会再对你有愧疚感，即使是他做错了，他也会产生你都以如此消极的态度对待他了，那他也没什么好跟你说的想法，于是就开始与你冷战。很多情侣冷战都是带有报复性的，我们说要沟通就是为了避免出现这种报复性冷战。

在沟通的过程中不要一味地指责对方，你要知道你们进行沟通是为了解决问题，解决问题是为了维护感情，一味地指责不仅不能够解决问题还会让双方都陷入更加消极的情绪中。那我们该怎么做呢？首先要懂得适当地给对方信心，多向对方表达认可。我们来看一个案例，小美有一个不太爱收拾的男朋友，而她自己很爱整洁，所以很看不惯男朋友下班就把袜子乱丢的行为。有一次男友回家后又把袜子乱丢的行为。小美一下就火了。对着男朋友吼道"每次都这样，说了多少次了不要把你的臭袜子乱丢，还是乱丢，你是不是没长耳朵啊！"男朋友开始态度还好回答她"哎呀我忘了，我马上放好"。小美不依不饶："每次都说忘了，每次都没放好，谁愿意给你收拾烂摊子，邋里邋遢我又不是你的保姆。"这时候小美男朋友还没有特别生气，但是心里已经开始犯嘀咕了，要怎么和她沟通啊，一直这么不依不饶。男友就说："我下次注意好不好，不要生气了。"男友本以为这样说软话小美可以稍微放过他，结果没想到小美继续指责他："我每次给你说过的事情你转头就忘了，你能不能好好听人说话。"男友一听小美这话马上也火了："我都说了下次注意，还要怎么样。"说完头也不回地回房间，也不和小美沟通了。我们先来看看小美开始想要和男友表达自己不喜欢对方随便丢袜子这个举动，"每次都这样""说了多少次""没长耳朵"，你看这几句话全是在指责对方，并且还有带有辱骂对方的倾向。男友在第一次表示了歉意后，我们再看小美是怎么沟通的，"我每次给你说过的事情你转头就忘了，你能不能好好听人说话。"一句话指责了对方两次，并且丝毫没有给对方一点回话的余地，即便对方表示会改过，小美也依然在不停地指责对方。这样就会让对方产生一种"无论我改不改无论我怎么回应你，你的态度也并不会扭转"的感觉，那既然无论我说什么做什么都没有用那干脆就什么都不说也不做了。所以我们在与对方沟通，想要通过沟通让对方满足自己需求的时候，一定要注意一点，那就是给对方一点余地，让对方觉得我这个行为让你不满意了，但是我是可以通过言语行为来改变的，这样一来你的目的达到了，对方也不会对你产生怨气。当然小美的发泄和指责也并不是没有缘故，可能是男友长期的坏习惯让她感觉难以忍受，有人可能就想问了，那小美可以发泄不满吗？难道我和对象相处一点情绪都不能有吗，是对方先做错的呀。

　　当然我在这里并不是要大家完全不发泄情绪，情绪这个东西谁都有，发泄一下也是可以的，但一味地发泄、指责除了让你当时情绪得到释放之外，过后你什么都得不到。比如小美，她情绪是发泄够了对吗，那她的目的达到了吗？如果你还想和对方继续相处下去，将情绪完全发泄到对方身上显然是不对的。那遇到小美这种情况我们该如何在发泄自己情绪的情况下还能让对方感觉到我们在讲道理呢。比如小美可以这样说，"为什么我告诉你了不要乱扔袜子你还是要乱扔袜子，我每天上班回家也很累，每次都要帮你收拾，你能不能体谅一下我？"我们来看这句话，看起来是不是也在发泄情绪，但这句话除了发泄情绪之外还给对方传递了几个意思。一是我告诉了你不要乱扔但是你还是乱扔，这是明确告诉对方他的错误之处，二是告诉对方我上班回家也很累但我还是帮你收拾了很多次，三是告诉对方我希望你体贴一下下班回家很累的我。

　　大家看这句话，看似在发泄情绪，实则理由、问题、目的全部都有了，对方肯定会觉得不好意思，女朋友都这么累了还要帮自己收拾乱丢的袜子。对方就会马上向你认错表达歉意，这时你可不能再说你为什么总是这样、一点都不听这类的话了，也不要将乱扔袜子再扩展到其他事情，我们要明确我们去沟通的时候想要解决的是乱丢袜子这件事情，不要这件事还没解决马上就牵扯到其他事情，比如像小美这样我每次说过的话你都不听。为什么这样的话不能说呢？因为你开始已经像对方抛出想要解决乱丢袜子这件事情了，并且对方已经给出你回应想要解决这个问题了，如果你这时候再将问题扩展到其他地方，对方就会觉得你好像是在故意找碴，甚至会觉得你今天就是来和我吵架的，并不是真的想要解决问题。所以我们一定不要给对方一种不是很想来解决问题的形象，要让对方感受到你想要解决问题的心。然后我们再心平气和地与对方谈论这个问题，商量着该怎么解决这个问题。有些女性会说就是因为男友总是不改这个问题，所以我们才会发火，其实男生真的就是这种很随意的生物，你平时跟他说再多次他好像都记不住，但又不是故意的，大部分男生都是需要女朋友去调教的，并不是一开始就什么都做得好。

当对方表示自己确实错了，但没有认识到整个问题时，我们应该将如果下次再这样做的后果以及自己的反应告诉对方。比如小美可以说，如果你还是这样的话我怎么办，你必须给我一个承诺，这时候一般男性都会答应。你可以提出，如果下次再发现乱丢袜子的行为就需要对方给自己买一支口红，请自己吃一顿饭。我想这样沟通去解决问题的话就算是下次小美再发现男友乱丢袜子对方也会因为这次沟通充分认识到自己的问题，至少在发泄情绪的时候不会轻易做出不想沟通的行为。

很多学员都问过我一个问题：怎么避免和伴侣吵架？首先我们一定要明确一点，情侣之间吵架是再正常不过的一件事情了，无论关系多么亲密的情侣都是会吵架的。所以我们不要害怕吵架，两个人相处过程中吵架是很难避免的事情，不信你可以去了解那些所谓的模范夫妻和情侣，他们肯定不会告诉你他们从来没有吵过架。这些模范情侣、夫妻之所以可以长期维持稳定的关系，原因在于他们明白吵架后该如何与对方沟通，如何有效地化解冲突。这里不得不提及的法则就是非对抗沟通法则，什么叫非对抗沟通法则呢？很简单，就是当双方持有不同意见的时候，并且双方都希望对方可以理解自己的想法。

我们先看一个学员的案例。学员小A和男朋友都刚毕业，为了尽快可以适应职场生活，小A报了很多线上课程，每天下班回家后都会在网上学习2个小时左右。而小A的男朋友每天回到家就是打游戏，有一天小A实在看不下去了，就对她男朋友说："你可不可以不要总是下班回家就玩游戏，咱们都是才上班需要学习，你不利用下班时间抓紧学习怎么才能尽快适应职场生活呢？"小A男朋友听到小A这句话非常抵触就回怼道："我每天上班都要累死了，下班我就想好好放松一下都不行吗？"小A听到男友这样讲觉得男友完全没有上进心，而男友听到小A这样说觉得小A十分不体贴自己，因此两个人就大吵了一架。小A这个案例反映出了很多情侣都会出现的沟通问题，就是总喜欢用自己的思想去试图改变对方，最后的结果就是双方都陷入了一个对抗的状态。那高情商的人遇到伴侣与自己意见不合的情况时会选择怎样进行沟通呢？我上文提到的非对抗沟通法则总共分为五个步骤，完成这五个步骤你就能拥有更有效的沟通技巧。这五个步骤分别是描述现状、描述影响、我的看法、沟通目的以及你的看法，我们来结合实际案例进行解读。

首先是描述现状，也就是向对方客观地描述目前你们所处的事实情况，包括你们产生冲突的根源。大家之所以会在相处过程中产生冲突，其根本原因是在于双方对某一件事情产生了两种不同的理解，所以解决冲突的关键在于要与对方将实际情况说明清楚。这里必须强调是说明真实存在的事实，并不是描述你的主观理解。

比如刚才我们所说到的学员小 A 的案例。案例中的小 A 在指责男友不上进的时候可以先客观地描述一个事实，比如可以这样开头："我发现，你每天下班回家后都要玩很久的游戏。"这样以描述事实的开场小 A 的男朋友就不会对她产生非常抵触的情绪了。

其次是描述事实带来的实际影响。比如在小 A 的案例中可以这样说：我认为下班放松一下确实无可厚非，但是这样一来你就没有时间去提升自己了，对于你升职加薪没有好处。"点明本次沟通的主要问题，告诉男朋友打游戏对他产生的不良影响。你们看如果我们按照非对抗法则完成到第二步就把沟通必要的两个条件阐述清楚了。

接下来我们就需要表达自己的看法，向对方表明本次沟通的目的，询问对方的看法。比如小 A 接下来可以这样说："我认为，我们刚毕业进入职场正处于小白阶段，还需要学习很多东西，所以我报网课为的是可以提升自己升职加薪和你一起过更好的生活，但是我每天下班回家学习的时候都看到你在打游戏，我觉得这样很不好，我认为你应该和我一样先把心思放在如何提升自己升职加薪上面，等我们在职场更加稳定了你再玩我没有意见，你觉得呢？"

　　注意在表达自己的看法和沟通目的的时候，最后的结尾句一定要把问题抛回给对方，之所以这样是因为你一直是在表达自己的看法、观点，为了让对方感受到被尊重，我们在结尾的时候一定要询问对方的看法，这样对方才会感觉到你是来和他沟通的并不是在命令他。你看一个本来很小的问题，如果我们和对方沟通得不够恰当的话就会起到反作用，相反如果我们按照非对抗法则去和对方沟通，表述清楚自己的看法和问题，这样一来沟通就变得更加容易了。有效沟通本身就是一件说难不难说简单也不简单的事情，关键在于你是否能够把握住这个度，把握好了问题自然迎刃而解，把握不好那么不仅不能够起到沟通的目的还会适得其反让两个人的感情陷入困境。

　　其实情侣之间的沟通技巧并没有大家想象的那么复杂，沟通也并不是一件非常难的事情。只要我们在说话的时候将自己换位到对方，稍微顾及一下对方的感受，将想要解决的问题表述清楚，向对方传递清楚自己的意思，不要过多地发泄情绪。只要你能够做到以上几点就掌握了有效沟通的技巧。

第九章
天生情人

天生就该是情人

虽然我知道这很笨，而且代表着分离，可是我还是忍不住也画了一个：两个人共撑一把小雨伞，在大雨滂沱的下午。大教堂外面的空地突然变成一片淡黄色，然后维多利亚花园里的白色雏菊，开始为我们唱歌，告诉我们带有分离诅咒的透明小雨伞，其实不算什么，因为我们是天生的情人，而且注定会一辈子相爱。

——艾米丽·尼克

你是否也曾遇到过一个与你在任何事情上都完美契合的男人或女人呢？无论是在心理、性行为还是精神上，可是一旦你对他/她有了更进一步的认识和了解之后，却发现他/她与你却是那么地不相容、那么地不协调，你和他/她的结果最终变成了无休止的争吵和流泪，最后被迫心碎分开。你是否因为经历了多次感情的失败放弃找寻理想伴侣这个梦想？你是否已经厌倦了快餐式恋爱和相亲式约会，你是否经常会在恋爱中走入死胡同，并且经常会沉溺在被拒绝的沮丧、孤寂和痛苦之中？你是否已经完全厌倦了这种状态甚至觉得这个世界上已经没有好男人 / 女人了？如果你真的有这些感受，那么请你接下来务必要用心读完天生情人这章的内容。

很多人都相信这个世界上是存在完美的爱情的，也有很多人相信爱情是需要深厚的情感并且双方在心灵上能够相连的。很多感情开始之后，女性很容易将对象理想化，经常会将男友想象成这个世界上最了不起的人，认为男友是无所不能的，甚至可以为了对方立刻放弃自己现在拥有的生活。网上有这样一句戏言："看到他的第一眼，我连我们孩子在哪里读小学都想好了。"你看，女性就是这样感性的生物，也许在见一个异性第一面的时候，她已经在自己的脑海中与这个人走完一生了，而真正相处后，尤其是另一半生活中展示出的现实一面会逐渐充斥着她的生活，这时她就会感到失望。因此很多女性发现，这个世界上好像并没有存在一个真实可触摸的男人可以完全符合你心中对那个他的所有想象。

幸运的是，当女性的一切幻想和梦想破灭之后，她会开始自我安慰并逐渐接受另一半的所有缺点，虽然她不会放弃将另一半改变为一开始陷入爱河时其在她心中所拥有的那个完美形象。

弗洛尹德的学生荣格在 1921 年发表了一篇震惊四座的心理学类文章，他设计了一套关于性格差异的理论，并坚信不同性格的人会对同一件事持有不同的看法和判断，他将人的这种性格差异分为了内向型、外向型、直觉性、感受性、思考性以及感觉型。同时荣格认为人类的不同性格差异是与生俱来的，并且每一个人的一生之中其性格会相对比较固定。之后到 20

世纪 40 年代，一对母女在荣格发表的心理类型理论的基础上创造了一套个性测试实验，并将这套实验以这对母女的名字——伊莎贝尔·迈尔斯、凯瑟琳·布里格斯命名，叫作 Myers-Briggs 类型指标，也就是我们常说的MBTI，如今 MBTI 已经成为心理学上最常用于测试人性格的测试工具，并且其被广泛运用在商业界、教育界及军队之中。

1992 年亚历山大·阿拉维博士根据荣格的文章和 MBTI 理论发明了恋爱类型，也就是本章我们要详细讨论的 16 种天生情人的恋爱范式。恋爱类型中共有 16 种非常特别的人类个性风貌，每一种类型的天生情人在面对亲密关系的时候都有其独特的特质和偏好。所以我们可以理解为如果先了解一个人的恋爱类型，那么你就可以了解到这个人在面对一段亲密关系的时候其处理事情的倾向，了解这个人是否和你匹配，如果匹配，那么又该如何获得他 / 她的爱情，以及你想要从他 / 她的身上获取一段什么样的亲密关系。

恋爱类型发明后亚历山大博士立刻找了 400 对情侣进行实验，这些情侣中有些情侣刚开始交往不过一星期，有的已经订婚，有的则是已经成婚超过 5 年。亚历山大博士通过恋爱类型对其进行测试，检测这些情侣之间的关系和恋爱类型，并且调查这些情侣对自己这段亲密关系的满意度。

结果提示，这些情侣大部分都接受过良好的教育，平均年龄在 30 岁，其中结婚时间最长的夫妻为 8 年。从测试结果来看，这些情侣无论是在刚交往阶段，还是在订婚或者已婚阶段，他们在遇到与自己有相似个性的对象时，都会表现出对目前的恋爱关系比较满意的意愿。本章将为大家详细讨论阿拉维博士所提出的恋爱类型，也就是 16 种天生情人，在讨论天生的情人的同时，也希望大家可以带着以下几个问题进行思考。

第一个问题是你的恋爱类型到底是什么？第二个问题是 16 种恋爱类型中哪一种与你自己最匹配？第三个问题是哪一种恋爱类型可以满足你的需求？第四个问题是哪一种恋爱类型可以为你提供情感或者是经济方面的安全感，且这种安全感是长期有效的？第五个问题是我们究竟该如何做才能够给另一半一个最棒的第一印象呢？第六个问题是我们该如何做才能赢得我们心中理想恋爱类型的心呢？第七个问题是我们该如何做才能够与心目中理想的恋爱类型发展出长期恋爱关系？第八个问题是目前和你相处的异性究竟是不是你的理想恋爱类型？

亲爱的你是否曾经与完全不适合自己的人交往过，并且深陷其中无法自拔？当你在一段恋爱关系中处处感受到失望压迫，但不愿意抽身离开的时候，你是否想过这其实是另一段新的恋情正在召唤你，并且在对你发出警告信息，由于你忽视了这些警告信息，因此在为那个完全与你性格类型不符合处处让你感到讨厌的另一半找种种借口为他开脱。

显然，在这种情况下你只会让你们的关系变得越来越糟糕，因为你一旦死心塌地地为一个人付出，无论你们是在同居还是已经结婚，那么你很难不陷入一个进退两难的地步。那你究竟有没有思考过为什么你在恋爱中会自动忽略掉那些警告信息？那是因为我们大部分人在恋爱的过程中其实都没有将自己的恋爱面具摘下来，没有正确地理解认知自己的恋爱范式，因此也就更难去思考究竟哪种类型的恋爱对象是符合自己需求以及合适自己的。

除非你在每次进行恋爱之前都提前知道自己的恋爱类型，并且明确知晓哪一种恋爱类型最符合你的需求，否则你很难找到一个真正可以与你一起分享生活一起感受爱情美好的另一半。因为大部分人都总是会掉入一个我第一次见到的异性我第一次选择的异性就是最好的陷阱里。

我们为了避免掉入这个陷阱，首先要做的就是卸下自己的伪装卸下自己的面具，这样你才有机会去发现属于你自己最合适你自己的恋爱类型，从和异性相处的过程中了解对方的习惯、人生观、价值观、兴趣爱好是否与自己相同，也只有你卸下了面具才能获得这些信息，并通过邂逅去不断找寻那个可以满足你对爱情所有幻想的另一半。

我在抖音曾刷到过这样一个电影片段，一对夫妻结婚多年，丈夫多金有才，妻子美貌靓丽，但结婚多年以来这个丈夫从未见过自己妻子的素颜。这个妻子为了在丈夫面前保持美好的形象，每次在丈夫下班回来后都会以精致的妆容去面对丈夫，直到丈夫进入睡眠后，妻子才会到卫生间将妆容卸干净，到了次日妻子会赶在丈夫醒来之前再次将妆容画好。这对夫妻看似男才女貌十分般配，但从头到尾丈夫根本不了解妻子，妻子也完全不了解丈夫。其实现在有很多女性在初次恋爱的时候会表现得非常拘束，完全不能够向另一半充分展示自己的美与丑，这样下来无论是男方还是女方都无法在恋爱关系中获取对方的有效信息。

想要在恋爱过程中向对方展示美好的一面没有错，但如果说为了维持美好的形象而放弃向对方展示真实的自我实在是得不偿失。所以我们在确定一段恋爱关系的时候，一定要先摘下自己的恋爱面具，将自己的喜好、兴趣、习惯、性格毫无保留地展示在对方面前，这时候你可以通过对自己对对方的恋爱类型进行测试，了解对方是否是自己理想的恋爱对象。

天生情人的恋爱范式

无论是男女其恋爱类型代表的倾向和喜好都可以划分为四种，一是能量倾向，二是专注倾向，三是决定倾向，四是组织倾向。能量倾向是指我们是如何产生生命能量的，专注倾向则是指当我们在接收周围传递的信息时通常会在接收信息的第一时间注意到什么，而决定倾向是面对事情的时候你是如何作出决定的，组织倾向是你是如何设计组织你的生活。这四种人格倾向中的每一种都提供了两个方向即为偏向，也就是说当你在处理遇到的事情的时候，喜欢或者偏爱使用到一些方法，这些偏向的方法如下所示。

第一种是能量倾向，分为内向型和外向型两种，内向型更偏向于通过自己独处来获得能量，而外向型则更偏向于通过与外界交流获得能量。

第二种是专注倾向，主要分为直觉型和感受型两种，直觉型的人更偏向通过对未来的憧憬和想象去体验感悟世界，感受型的人则更偏向于使用自己的五官去感受现实环境来体验世界。

第三种是决定倾向，分为感觉型和理性型两种，感觉型的人更偏向依据自己的感觉和价值对某一件事情做出决定，而理性型的人则更偏向于依据自己对某件事物的逻辑和客观分析来做出决定。

第四种是组织倾向，分为随意型和计划型两种，随意型的人更偏向于有弹性、自然自发、没有组织的生活方式，而计划型的人则更偏向于选择有组织、有计划、有日程安排、有时间性的生活方式。所有偏向都是二选一。

如果你发现你在四种倾向上都有明显的偏向，那么这就代表你在生活中的绝大部分时间都是采取的你倾向的那种方式生活，其余时间则采用另一种非倾向的方式。

举个简单的例子，如果你是一个非常喜欢社交娱乐活动的人，那么你获取生命能量的偏向则更有可能是外向型，虽然你在生活当中也有少部分时间会希望能够安静地独处，就像内向型人一样，但其实你大部分时间的偏向还是属于外向型的，因为除去一些特殊时间，你更多还是会选择外向型的生活方式。

通过上面的测试，你现在对自己的四种偏向有一定的了解了吗？那么接下来为大家详细解释以下这四种偏向的真正含义。

首先是能量倾向，能量倾向代表你是动静还是内外，简单来说就是如果当你处于一个非常热闹的环境或者是正在进行一场社交娱乐活动，你的情绪会不会被周围的人所带动呢？如果你给出的答案是肯定的，那么你大概率就是一个外向的人，你在第一种倾向中得到的答案也基本会是外向型，如果你是外向型，那恭喜你，因为阿拉维博士在做第一个倾向测试的时候就发现，多数人都是属于外向型的。那如果你是特别喜欢安静独处的人，尤其是在需要阅读、思考、写作以及冥想的时候，你只有待在一个绝对安静的环境中才能慢慢恢复精力，如果你是这样的话，那么你就是内向型的人。

我们现在来做一个假设，如果你是一个外向型的人，在与异性建立其恋爱关系之后，你在恋爱过程中更喜欢表达你自身的真实想法和感受，需要你的另一半在你表达自身感受和想法的时候可以不断给你回应，这样可以让你更加清楚你们之间的关系亲密程度和感情发展进度。那么相反，如果你是一个内向型的人，你觉得在恋爱中最美好的时光就是可以与伴侣在一个安静私密的环境中度过，在这个环境中，你可以专注享受伴侣带给你的温情，两个人在一起只有在有话要说的时候才会开口。从两种类型的人对待恋爱关系的态度和想法，想必大家也都猜到了，如果当一个内向型的人与一个外向型的人在一起，那么他们就很容易在恋爱过程中发生冲突。有的人会说不啊，这样两个人的性格不就互补了吗，不是应该相处得更加融洽吗？

我们来看一个例子。小说《匆匆那年》里方茴和陈寻，方茴就是一个典型的内向型人，而陈寻也是非常典型的外向型人，两个人初次相遇的时候，会很快被对方吸引，为什么匆匆那年会让那么多人觉得很像自己的青春很像发生在自己身边的事情，就是因为真实。的确，在现实中有很多一见钟情常常会发生在两个性格完全不同的人身上，因为在这些不同性格倾向的人遇到一个完全与自己不符合的异性时，他们先是会感到非常新鲜，然后就会被对方身上那种自己没有的特质吸引。小说里的方茴和陈寻其实没有出现过特别大的矛盾，甚至没有吵过几次架，但最后就是无缘分手了，很多人觉得是因为有小三，因为有沈晓棠的出现。其实不然，陈寻和方茴一开始就是两个性格偏向完全相反的人，分开是迟早的事情，即便是没有沈晓棠，也会出现张晓棠、李晓棠，反正陈寻变心是早晚的事情。我们来看下小说男主陈寻的性格，他是一个典型的好大喜功的人，在高中的时候就爱表现，对兄弟讲义气，他会为了好友赵烨下跪，在同学老师眼中都是一个非常优秀的人，他家境优渥在这样外向的性格下根本不知道世事的艰难。他最开始选择追求我们的女主方茴也仅仅是因为乔燃喜欢方茴，出于男生争强好胜的天性，他要追求方茴，在青春期对于内向腼腆的方茴来说陈寻这种男生是不可抗拒的。

大家看，陈寻赢得什么东西都来得太过容易，这就注定他的性格不会是永远珍惜眼下幸福的人，起初这对情侣在高中封闭的环境下还可以安安稳稳地度过。但到了大学，两个人所见到的世界都更加复杂纷繁了，这个时候两个人都开始以一种更为个体的姿态出现在学校中。而两个人性格之间的差异和偏好也越来越明显，此时出现了一个和陈寻性格非常贴合的沈晓棠，那么陈寻爱上沈晓棠也是非常自然的事情。很多人觉得陈寻不是真的喜欢沈晓棠，他为方茴做的事情更多，而我认为陈寻其实发自内心真正喜欢的人是沈晓棠，他对方茴更多是出于愧疚，出于对逝去青春美好时光的留恋。因为陈寻在遇到沈晓棠的时候，他对沈晓棠的爱可以说是完全褪去了自以为是，褪去了与兄弟之间的争斗，是一种从内心认可的爱，所以在方茴问他是不是爱沈晓棠的时候，陈寻可以问心无愧地告诉方茴他爱沈晓棠。

大家可以看到两个性格偏向完全不同的人要勉强在一起的话，一旦其中一方遇到了一个与自己有同样性格偏好和情趣的人时，那么以前的所有都可以变成浮云。所以有时候我们不是想遇到自己想要找的人，而是遇到了能够让自己生活得更加美好、更加惬意的人。

外向型和内向型人不匹配是得到国科学印证的，1981年夏威夷大学教授鲁斯·舍曼就曾做过一项研究调查，试图通过这项研究调查去解释为什么当内向性格的人遇到外向性格的人时会发生种种问题，结果从调查结果中她发现，当内向男和外向女建立恋爱关系的时候，比另一组内向型和外向型组合更容易出现问题。鲁斯教授认为，这种现象可以解释为因为当前社会对男性和女性在一种亲密关系中的角色定位不同所引起的，通常我们会认为男性是说话者是一段关系的领导人，而女性在一段亲密关系中往往会被定义为安静更能够顺从的角色。因此在如今社会认知结构下成长的男性，尤其是内向型人格的男性常常会认为那些直言不讳性格外向的女性对其是威胁和压迫，同时女性也会将那些内向型的男性认为是在顺从，是一种懦弱的表现，从而失去对他的尊敬。这里大家可能会陷入一个认知误区，那就是将内向等同于害羞，认为那些羞于表达的人是内向型的人，这里要向大家澄清一点，如果你是一个内向型的人，并不代表你就一定是害羞的，内向型的人是指需要通过独立思考和独处来获得生命能量，那种能量是可以让人奋发的。而害羞则是一种焦虑的情绪状态，是一个人在面对一个事物或人时害怕被拒绝、被嘲笑，或者是自己觉得尴尬，为了避免这种情况而避开众人，以此防止自己在公开场所受到羞辱。因此，你可以是一个不会害羞的内向人，也可以是一个能够在公开社交场合中与其他人自在相处的人，你也可以是在与他人交往的过程中自娱自乐，为他人带来欢乐的人。但是因为你是内向型个性，因此你的社交力量是有局限性的，所以如果长时间处在与他人共处或者交流过于频繁的状态的话，你通常会感到自己因发挥出了过多的精力而感到疲惫不堪，为了让自己的精力得到恢复，你必须安静地独处并尽可能地远离纷闹的人群。

其次是专注倾向，我们可以将两种专注类型简单概括为脚踏实地和漫无边际。如果你是一个感受型的人，那么恭喜你，因为大约有70%的人的恋爱类型都属于感受型，感受型的人更加倾向于在一段恋爱关系中可以掌握实际，并且非常专注与另一半在一起的一些细节和实际面。比如有的人就喜欢在和对象恋爱的过程中花费时间去谈论现实，喜欢跟对象讨论去购买一些生活的实际事物，比如房子、车子，或者喜欢和对象一起去餐厅吃饭或者看电影这样比较切合实际的事情。

感受类型的人更乐意去享受一切有关爱情的味道、声音以及影像，因此这类人往往在恋爱关系中会因为一场烛光晚餐或者一段浪漫的音乐而动容，同时这类人也会因为在恋爱过程中有恶臭、噪声的干扰因素而无法尽情的享受恋爱中的浪漫体验，五官也无法感到愉悦。

另外一种则是直觉型，这种恋爱类型的人无论是在恋爱中还是在生活工作中对真实的事物都不太关心，这类人更加倾向于利用自己的第六感，所以在对待感情事物的时候其更容易依靠预感或者是冲动来处理。直觉型人通常非常珍惜一段感情的可能性，一段感情可能会演变为其该有的样子，因此这类人在恋爱中更加享受与另一半高谈阔论，从心理学、科学、哲学方面来与另一半谈论自己看待世界的想法。作为一个直觉型的人，他们经常会发挥自己的想象力来沉浸在对另一半的恋爱或性的幻想中，因此这类人往往遇到的现实爱情都会与其想象的不一样，他们渴望爱情，但真正的爱情到来的时候，他们会觉得爱情不是他们想象的样子而感到失望。可能大家对于直觉类型的人了解不深，也不知道该从什么角度去判断一个人是直觉型的人，那我就带大家了解一个非常典型的直觉型人，也就是我们都熟知的近代思想家、文学家、哲学家——胡适。

胡适 19 岁就经考试获得了庚子赔款官费留学资格并顺利留学美国，在美国他和约翰·杜威学习哲学，到 1917 年回国被北京大学聘为教授，1918 年正式加入《新青年》编辑部，并致力于宣传个性解放和思想解放，与陈独秀同为新文化运动领袖。但就是这样一个学习了当时社会最先进文化的才子，甚至是那个时代最被需要的人，娶了大字不识一个的太太江冬秀，虽然胡适平生与很多女人有纠葛，但却终身没有离婚。相比于徐志摩屡次离婚来看，当时有很多人将这场婚姻比作"西装与小脚"模式。胡适甚至还和其太太发明了"新三从四德"，那就是太太出门要跟从，太太命令要服从，太太说错了要盲从；太太化妆要等得，太太生日要记得，太太打骂要忍得，太太花钱要舍得。仅凭这段话，你肯定认为胡适搁现在不就是一个超级大暖男吗，这样好丈夫的人设谁都无法撼动了吧？当你以为胡适就是这样的三好男人，给太太花钱让太太享受好日子天天玩乐，对其他追求者他就像石佛一样冷漠佛系你就错了，虽然胡适到死都坚持一夫一妻，直到其猝死在台湾研究院的演讲舞台上他都扮演了好丈夫这个角色，但他在外的花草世界中却也一点不寂寞。"两鬓疏疏白发，担不了相思新债"这句诗就是他在婉拒狂热追求他的一名女学生写下的，除了中国女学生之外，胡适还和美国的韦莲司、表妹曹诚英等有过爱恨纠葛。

在当时的人看来胡适的婚姻属于旧社会包办婚姻，而当时的很多文化界名人都在反抗这种包办式婚姻，可为什么偏偏胡适就做出了与其他人完全相反的选择呢，在当时很多人都不理解胡适，甚至笑话胡适娶了这样大字不识一个的女人，认为他们并不般配，也肯定走不长久，可偏偏就是大家完全不看好的一对却携手到了白头。江冬秀个子很矮，身材也比较显胖，不仅不识两个字，而且据说脾气还非常大，那么为什么胡适可以一直爱她一辈子呢？正所谓好看的皮囊千篇一律，而有趣的灵魂万里挑一，江冬秀就是一个十分有趣的人，不仅如此，江冬秀和胡适还存在亲属关系，江冬秀的舅母就是胡适的姑婆。据说当时是江冬秀先看上胡适的，然后主动找人为两人牵线，这才让 15 岁的江冬秀和当时仅有 14 岁的胡适定下了婚姻。但两人的婚姻定下来没多久，胡适就取得了公款留学资格，虽然胡适在外留学期间学习的是新学，但其在婚姻上仍然坚持旧式文人的做法，他认为既然母亲已经为他订了婚，那么他就不可以违背母亲的意思，也就不能辜负母亲为他选好的妻子。所以在当时很多文人都纷纷与旧社会包办婚姻决裂的时候，胡适选择在 1917 年回国之际按照母亲意愿与江冬秀完成了婚约。

在当时，胡适和江冬秀的婚姻被称作封建包办形式下的西方仪式婚礼，一时间轰动一方，但胡适和江冬秀这场婚礼当时并不为世人所看好，理由也非常简单，因为在世人的眼中，胡适是出国留洋学习了很多国外先进知识和理念的人才，而江冬秀虽然在跟胡适结婚的时候就已经放了足，但其本质上还是一个彻头彻尾的乡村女人，不仅长相和身材不符合新时代社会对女性的审美要求，更是大字不识一个，年龄也比胡适大一岁。并且在当时的中国，大家都是非常相信属相之说的，胡适属兔而江冬秀属虎，在当时人的眼中胡适和江冬秀的属相就如同红楼梦中所道"虎兔相逢大梦归"，实属为凶兆。更何况当时全中国上下都在积极提倡废除封建思想，坚决反对封建包办婚姻，提倡自由恋爱，而胡适作为当时社会的文化先驱，他却实实在在地娶了一个由旧社会家庭包办的妻子，这在当时是不被人所理解的。

我们可以看一下当时社会文人的风气，鲁迅先生抛弃了原配妻子朱安，郁达夫也与原配妻子孙荃离婚，因此在当时的社会上大家理所应当地认为这些文人墨客即便是接受了封建式包办婚姻最后也会抛弃，因此所有人都认为江冬秀最后的下场应该与鲁迅原配朱安以及郁达夫原配孙荃一样被无情抛弃。当然以江冬秀的性格她根本就没有考虑过这些问题，在她的眼中婚姻不过就是和另外一个人搭伙过日子，也正是因为江冬秀将一切事物看得非常简单，所以她在今后经营与胡适的这段婚姻时一直使用的都是最直截了当的方法。江冬秀是典型的感受型，她更关注另一半能不能脚踏实地地过日子。所以可能在一般女子眼中能够嫁给像胡适这样的大文豪大帅哥是一件无比光荣的事情，但在江冬秀看来胡适帅气的外表不过就是一个皮囊，至于胡适的才华，江冬秀不仅不了解也完全不关心，甚至在大字不识一个的江冬秀眼中，胡适不过是一个能够写文章的男人。所以在面对外人鄙夷的眼光时，江冬秀甚至都懒得搭理他们一句，而世界万物往往就是如此，只有你自己非常在意别人的想法和看法时，别人的言论举止才会影响到你。

自古才子的身边从来不缺佳人，胡适也一样，更何况他不仅长得帅还特别有才，于是刚结婚没多久胡适就犯了一个"全天下男人都会犯的错误——出轨了"，胡适的第一个出轨对象说来也很有趣，是胡适在与江冬秀婚礼上所邂逅的女子，这个女子叫曹诚英。而胡适也是在自己的婚礼上被曹诚英所吸引并一直与曹诚英保持着暧昧的关系，1923年胡适在杭州养病曹诚英就来到胡适身边悉心照料他，一来二去两人就在一起了，而此时的江冬秀还远在北京，但这件事很快就被胡适的朋友——徐志摩传到了远在北京生活的江冬秀耳中。江冬秀听到这个消息一下子就炸毛了，而胡适知道江冬秀知晓自己出轨的事情也赶紧回到北京，但胡适当时回到北京的主要目的是与江冬秀离婚的。胡适算盘打得妙但他却低估了这个出身封建受封建教育乡村女子的魄力，在北京生了几天气的江冬秀，一听胡适回来就要跟自己离婚，马上就冲进厨房转身拿起菜刀，抱起和胡适生的两岁儿子，一边挥舞着手中的菜刀一边冲着胡适嚷嚷："老娘替你们胡家生儿育女，你倒好自己在外面风流快活不算还要跟我离婚，干脆老娘今天就把你砍死顺便把你的孩子也砍死，老娘今天不剁了你你都不知道你是谁！"我们的大文豪胡适哪见过这种场面，他以为只要自己坚决要离婚，江冬秀就会随意被自己拿捏，结果没想到江冬秀如此暴躁，瞬间就被吓得魂飞魄散，这个时候江冬秀也不管那么多操起菜刀就往胡适的身上甩，亲朋好友也赶忙劝住，这才让胡适保住了性命。自此以后胡适再也不敢跟江冬秀提离婚的事情了。

看到这里大家肯定以为，这算什么，江冬秀不就是凭借彪悍来维系和胡适的婚姻吗，虽然江冬秀的彪悍保住了她和胡适的婚姻，但这段不被世人看好的不般配的婚姻之所以可以走到最后，其根本原因并不是因为江冬秀的彪悍。胡适和江冬秀的婚姻可谓是渐入佳境，尤其中年之后胡适对江冬秀那叫一个百般呵护，江冬秀没什么高雅的爱好就喜欢打麻将，胡适呢对她也是极好，买了两套房子其中一套就专门用来给江冬秀打麻将，并且胡适还公开对外夸奖江冬秀"我太太是最好的，她去做她的，我做我的。"江冬秀虽然不识字也不善于言辞，当胡适出差的时候她只能去求助别人帮她写信，写给胡适的信里经常是错别字满篇，但胡适收到信后不仅不会觉得太太给他丢人相反还对她极尽夸奖，认为江冬秀非常坦率，他为自己太太的坦率而感到自豪，甚至有一次胡适在收到江冬秀错别字满篇的信还宠溺地说道："病中得妇书，不满八行字，全无要紧话，颇使我欢喜。"到了晚年，胡适和江冬秀两个人更是恩爱非常，胡适不仅怕老婆出名，疼老婆也是远近闻名的，胡适还调侃过自己，说自己是怕太太委员会的会长，而纵观古今中外，胡适是第一个也是唯一一个主动去研究怕太太科学理论的人。当时胡适由于怕太太就到处收集国内外有关怕老婆的故事、漫画、电影，结果还真让他有了新的发现，胡适说在全世界范围内，只有日本、苏联以及德国三个国家没有怕老婆这样的故事，所以凡是有怕老婆故事的国家都是自由民主的国家，而没有怕老婆故事的国家，都是独裁或者集权制国家。

　　胡适和江冬秀是封建包办婚姻，但却最终上演了一场羡煞旁人的世纪爱情佳话，究其原因并不是江冬秀的彪悍，而是胡适和江冬秀本身就是一对天生的情人。首先我们来看下江冬秀，一个典型的感受型专注倾向的人，她在与胡适的感情生活中非常脚踏实地，对于与胡适之间的关系她想要掌握实际。而说到胡适，想必有很多人都会认为，胡适大文豪、大帅哥、不应该是直觉型专注倾向的人吗，那胡适和江冬秀完全不匹配啊。但其实不然，如果你有幸读过一些胡适先生的文章，你就能明白他其实是一个彻头彻尾的感受型人格，虽然我对胡适的了解程度并不高，但胡适向来提出自己观点的时候都是十分简单的，胡适所谈的东西完全不会给人一种缥缈的感觉，而他讨论问题也是非常具体细微的，这种人实在与直觉型人格沾不上边。

"我们不去研究人力车夫的生计，却去高谈社会主义！不去研究女子该如何解放，家庭制度如何拯救，却去高谈公妻和自由恋爱，不去研究安福部门如何解散，不去研究南北问题该如何解决，却高谈无政府主义！"（胡适《多研究些问题，少谈些主义》）这句话是胡适先生所写。看完他所写的，你还能认为他是一个直觉型人吗？胡适与当时很多文人不一样，他自始至终都没有批判过江冬秀的出身背景，也没有嫌弃过江冬秀的目不识丁和粗鄙彪悍，而是完完全全地接纳江冬秀这样的性格，并不是因为他有多伟大，而是他是一个感受型的人，因此他是打心里非常喜欢江冬秀这样脚踏实地不玩虚头巴脑性格的女人的，所以要说是江冬秀的菜刀成就了这场佳话，倒不如说是两个本身专注倾向完全符合的人互相理解相爱相知。

再次是决定倾向，人的决定倾向有理性与感性两种，如果你是一个理性的人，那么你在恋爱类型测试中的结果会得到 T，而你在日常生活和工作中也总是喜欢想把事情想清楚想明白并充分考虑到各种可能性后再做；而如果你是一个感性的人，那么你在测试中的结果会得到 F，代表你一般做事都是跟着自己内心感受走，无论做什么事情都是完全依据自己的自我价值观、感觉甚至是希望建立关系的行动而做出决定，最后再根据自身的逻辑去支持自己所做出的选择和决定。

在生活中我们经常会发现女性更容易是感觉型，而男性则更容易成为理性型。无论是理性型还是感觉型在当今社会所有人群中所占比例都是一半一半的，但从很多调查结果来看，在那被划分为 50% 的理性型人当中，有三分之二是男性，仅有三分之一是女性了，而在被划分为感觉型的人群中情况却恰恰相反，有大约三分之二的感觉型是女性，而仅有三分之一是男性。我们常说的性别角色可能有助于我们去解释为什么男女之间在决定型倾向上所存在的较大差异，是因为女性在经历社会化转变的过程时，其所受到的教育内容是要求其体贴、善于表达感情、善于处理人际关系。而男性在进行社会化转变的过程时，其所受到的教育内容则是要具有一定的逻辑性，要善于分析，因此大部分男性在社会化的过程中是不太关注于人际关系的。所以就造成了今天我们常看到的一种现象，大部分女性都被培养教育成了感觉型人，而大部分男性则是被贴上了理性型标签。

现如今这种对待男女两性的不同教育趋势正在被转变，不仅要求男性需要多注意自己和他人的感觉，也要求女性具有理性分析事物的能力，男性和女性之间这种倾向的差异正在被逐渐缩小。无论是男性还是，只要他是一个感觉型的人格，那么其在恋爱过程中都是非常厌恶被另一半所强势操控的，他／她喜欢另一半以温柔、疼爱的方式来表达爱意，比如享受对方的甜言蜜语，享受对方对自己的关爱。

所以当我们发现自己的另一半是感觉型人格时，如果在相处时对其表现出了过分的操控欲，并不会得到对方的认可，反而会使对方更加疏远你。有的女性可能从小缺爱的缘故，每次在开始一段恋情之后就对另一半控制欲极强，想要随时掌握他的行踪，一旦对方有一点不被控制就会歇斯底里，殊不知失去了界限感的恋情是与幸福无缘的。而一般情况理性型人格的人在一段恋爱关系中，更加关注于伴侣的能力以及个性，这种人格倾向的人非常讨厌在感情中有过多的情感或者是肉体纠缠，因此这类人会对那些容易多愁善感的人避而远之，所以如果你的心仪对象是理性型人格，那么就请你不要扮演"林妹妹"了。其实感觉型人格和理性型人格之间并没有大家想象的那么大冲突，无论你是哪一种人格，要注意感性和理性的结合才能够在恋爱中做到想要互补的一面。

最后是组织倾向，分为随意型和计划型。这两种倾向是非常容易判断的。你是不是每一次约会都很准时，而其他人经常会迟到？你是不是将家和办公环境都打扫得十分干净且规划整齐？你身边的人是否都认为你是他们见过最有计划最有组织的人？如果上述条件你都具备的话，那么你就是一个计划型的人，在恋爱类型的测试中得分为 J，而有大约 60% 的人属于这个类型。如果你无论是在日常生活、工作还是学习中经常会因为某件事情要做而迟到，你讨厌一切安排好的行程表，享受自由自在的生活方式，你的家中和生活环境是否都是松散无组织的，平时喜欢随意的环境，不喜欢被人强迫整洁，那么你就是一个随意型的人，在恋爱测验中的得分为 P，而这个世界上有大约 40% 的人和你一样。虽然上面我们描述两种倾向人格时觉得两种倾向人格的差异比较大，但在实际生活中这两种类型的人格差异却不太明显。

也许你平时是一个非常有计划的人，你对计划的欲望也会因为出现一些急需处理的事情而暂时先搁置在一旁，即便如此你却还是坚决地认为对生活缺乏计划会是你最大的噩梦。又或者说你是那种在日常工作中看起来非常有计划的人，但一旦你离开工作回到自己的日常生活中，你就会变得毫无计划，处于一个自由自在的状态，没有计划和漫无目的的生活能够让你感觉非常放松。

如果你恰好是一个计划型的人，你在做任何事情之前都会有一个明确的时间规划，即便是在对待恋爱也是一样，你更喜欢按照预先制订的计划安排恋爱生活中的每一个环节，作为一个计划型的人，你往往会对自己的爱情附加一个很大的价值，比如一旦与另外一个人确立恋爱关系，你就开始试着以自己的决定去掌控这段感情的发展，而这段感情的结果到底是婚姻还是纯粹的娱乐性质，你都会尽早在你的恋爱过程中做出符合你预期的选择。

你如果是一个随意型的人，那么你就会非常讨厌花费精力去制定行程表和时间表，尤其是你在面对一段恋爱生活时，你非常期待恋爱生活中那种不知道下一刻会发生什么的神秘和悬疑，如果什么事情都预先安排好预先知道要发生反而会降低你对爱情的期望。随意型的人拥有非常强烈的玩乐需求，喜好追求刺激和未知的事物，与此同时这类人想要下定决心专心致志地爱一个人也是非常难的事情，因此在他人看来这类人很花心。

上述就是几种天生情人的具体倾向和表现了，但大家一定要记住一件重要的事情，就是如果你想使用这几种恋爱类型与不同人格倾向的人恋爱、约会，要谨记"不同并不意味着优劣差别"。简单来说，就是不同类型的人都有享受其喜欢生活方式的权利，并没有哪种生活形态就一定比另一种生活形态更好，不过不同的人喜欢不同的生活方式而已。所以无论我们在恋爱中看到对方怎么生活怎么做，如果他与自己的生活方式出现了偏差，也不要轻易去谴责他或否定他对待恋爱的态度。

我们要接受自己与生俱来的恋爱倾向，但与此同时也一定要肯定自我价值，虽然你的恋爱方式和倾向和他人不一样，这也许在别人看来甚至有点不寻常，不过你也只是在做你自己，这无可厚非。我们在看待他人也是一样道理，在开始一段恋爱关系时尽量不要企图去改变另一半的恋爱类型，也不要想将另一半完全塑造成你想要的样子，首先他/她是不太可能完全改变自己已有的习惯和偏好的，其次是你在尝试改变他的时候或许他也正在想要逃离你。我们要充分尊重另一半的恋爱偏好，也要允许他们表达自己独特的人格倾向，在面对与自己不同恋爱倾向的另一半时，不要批评他们的恋爱偏好，这样双方都会感到更加快乐。如果你实在无法接受与你不同恋爱偏好的另一半，那就试着利用这几种恋爱类型去寻找那些与你恋爱偏爱一致的最适合自己的天生情人吧。

你想要的完美情人真的完美吗

我在与学员讨论问题的时候经常会聊到一个词——完美伴侣，大部分学员都希望可以找到只属于自己的完美伴侣。有的人希望这个完美伴侣可以永远只爱自己一个人，永远重视自己，永远关心自己，永远爱护自己，从来都不否定自己；等等。

总之，大家都对完美伴侣有着自己的想象和要求。而一些已经拥有伴侣的学员也经常将自己对完美伴侣的要求放在自己对象的身上，常常会因为这些要求与对象发生争执。而对于很多单身的人来说，这些要求就会成为其择偶的标准。但无论单身与否，本质都没有太大的区别。大家不过是想让伴侣成为自己心中的完美情人，大家都想要找到完美情人，而大家对这些完美情人的期望大多源自不能实现自我。很多女性的状态都是，我希望对方可以理解我、包容我，但我自己却无法真正做到体谅对方、理解对方、包容对方。也就是我们常说的，自己都做不到的事情却希望对方可以做到，允许自己不完美但却想要让伴侣来弥补。上课时经常有学员向我诉苦，说伴侣如何不重视她，经常感受不到伴侣对自己的认可。每当这个时候我都想要问她们一个问题"你重视你自己吗？"这些学员的回答往往都是吞吞吐吐，甚至不能够确定地说"我重视吧"。你看，很多时候我们都特别希望得到伴侣的认可和肯定，其原因在于我们对自己不够肯定，我们自己都无法表扬自己，所以希望别人来重视我们、肯定我们，这样我们才能够感觉到自己是被需要的、被爱的。

但其实一个真正拥有较高自我价值感的人，他们都能够真正看到自己做了什么，也能够看到自己的价值，因此他们自己就可以肯定自己、认可自己，因而也不会对伴侣提出过多的要求。因为他们都很清楚即使对方没有表达出对自己的肯定，自己所做的一切也是值得被肯定的。而那些价值感非常低的人，需要将自己放在首要位置才能感受到自己的重要性。而他们自身往往不能够照顾自己也不能充分关心自己，因此需要将这件事交由伴侣来完成。人就是这样要求别人的时候非常容易，要求自己就十分困难了。

人往往会被那些能够做到自己做不到事情的人所吸引，比如你认为读书很难，你就很容易被有学识的人所吸引。如果你认为赚钱很难，那么你就容易被那些赚钱很轻松的人所吸引。那些你难以完成的事情是你对自己的期待，但是你自己无法完成就会下意识地想要伴侣来完成，好像伴侣完成了你也就完成了。

说到这里大家有没有发现，一旦你有了这样的想法，你就会将对方看作自己的一部分。这是一个危险的信号，我一直在课程中向学员强调，无论是处理其他关系还是恋爱关系，我们都必须保持一个界限，就是人与人之间的分寸感。如果你将对方视作自己的一部分，把伴侣变成了理想的自己，那么对方一旦不能满足自己的预期，就会生气。然后就想换一个人继续，就这样不断地找不断地换，但最终的结果都是失败。而对方在你这样的期望下很容易被你控制，被你入侵界限，时间一久就想要挣脱束缚把你推开。要知道每一个人都是有自我的，如果对方都还没有实现自我，又怎么去实现你理想中的自我呢？

与其去要求对方成为你心中的完美情人，不如先考虑如何将自己变成一个好情人，甚至是完美情人。最好的情人总是会替对方着想，同时并不会打扰对方的生活，在思念对方的时候联系他，但也只在可以的时候联系他。我一直教导我的学员一定要相信自己的道德，不要轻易相信别人的道德。只有坚持这样才不会陷入自我困扰的地步。情人和普通的爱情也是一样的，有分才有合，要知道世界上的每一份感情走到最后，无论开始有多么激烈都会转为平淡。因此，我们一定要保持一份豁达和淡定的心情。情人关系是有爱亦可无爱亦可，能够淡然地面对一切才能更好地控制感情。

如果你想要做一个完美的情人，就必须遵守一定的规则，否则就不要称自己为情人。第一，情人之间是必须遵守你情我愿的原则的，双方都没有权利和义务。第二，不要要求对方随叫随到，能随叫随到的是亲人是密友，情人是没有义务让你随叫随到的。第三，要记住情人之间是亲密无间的，但并不一定有亲密无间的感情，不要认为男人和你发出性关系就完全属于你了。

所以我希望每个学员都能认真地思考这个问题，你想要的完美情人是真的完美吗？你对伴侣所提出的要求是不是都是你对自我的理想要求？如果是，那么请你先成为你理想中的人，再去要求伴侣成为什么样的人。等你自己先成为理想的人，你就会发现曾经你希望拥有的完美情人其实并不是真正的完美。如果我们能够用这样的思维和伴侣相处你就会发现对方很容易达到你的期望。比如很多女性学员都希望伴侣能够更懂自己一点，更体贴自己一点，那么她们就需要先要求自己更体贴对方一点，更理解对方一点。

第十章
完美关系

找到对方的上限和下限

不知道你们的微信朋友圈有没有这样一种女生，总是在朋友圈中发"给我发 50 块钱红包，你就可以向我提个问题，我能回答就领不能回答就不领"。之前我有一个男性朋友说，这种女生我是一分钱都不会给她的。

在这里我们用一个实际案例来和大家谈谈聊天的秘诀。这个案例的男主角叫小唐，可能是因为性格太过于内向了，因此从小到大都没和女生说话超过三句，用简单的话来说就是从小到大都是透明人，不仅在人群中不起眼，很多同学毕业了都经常会忘记班上有这么一个人。小唐升入大学后就一直想要改变这种情况，并开始注意如何与女生进行沟通。看过关于沟通技巧的书没有上百本也有好几十本了，但这么多年过去了，之前学校门口 5 块钱一碗的老麻抄手也都涨价到了 12 块一碗，可小唐还是不知道该怎么与女生聊天。小唐曾好多次问我关于聊天的问题，他说每次跟女生聊天的时候都不知道该怎么聊下去，到底要聊什么女生才会对他感兴趣，女生说的这句话是什么意思，说的无所谓又是什么意思，为什么每个女生都有不同的癖好和脾气，难道这个世界上就不能有一部如何和女生聊天的百科全书吗？小唐最让我感到心痛的是，他太想要和女生聊天了，也太希望获得女生的认可和回复，太害怕女生因为自己聊天不够有趣就不理自己了。这种太想要、太希望以及太害怕的情绪会在他与女生聊天的过程中传递给女生，然而他本人的运气还不是很好，经常会遇到那种需要给发红包才能继续聊天的女生，为了跟女生聊天他也是豁出去了直接发出去好多红包，殊不知这样最后必然会落得人财两空。

不仅是男生，很多单身多年的女生也是一样，往往异性对他们说一句话他们就不知所措，异性若是对他们提出一个要求那他们更是不知道如何去应对，害怕自己说错话做错事别人就不再愿意搭理自己了。原因是什么呢？很简单，就是他们不懂得一个道理，在两性的社交活动中，没有100分，只有60分。什么意思呢？简单来说就是及格即是满分，很多人潜意识里认为只有60分是不能够满足对方的，一定要做到满分才好。这是什么？这是完美主义！但是我们要明白，这个世界上拥有完美关系的人往往都不是完美主义，只有能够接纳对方的优点和缺点，认识到这个世界不是所有事情都可以百分百达到期望的人才能拥有一段完美关系。

所以你不知道怎么去回答对方，也不知道该如何应对对方提的要求，不是因为你不会沟通，也不是因为你能力不足，是因为你一直想要给对方提供的是百分百的满意，也就是说，在处理一段异性关系的时候，你一味地追求的目标是对方的上限，你在追求完美追求百分百，而对方可能仅仅只需要你提供一个不是那么完美，刚好及格的答案。这就是我在这一章想要给大家说的上限和下限。在与异性相处的过程中，每一个人都会有一个上限思维和下限思维，所谓上限简单来说就是在与人相处的过程中经常思考的问题是我该怎么做才可以满足对方，而拥有下限思维的人在人际交往过程中最常思考的则是只要不伤害你的利益我怎么做都可以。我们常说的讨好型人格，其实大部分就是以上限思维去思考，这样思考的结果就是自己累，对方也累，说话做事往往还不能够达到百分比，既满足不了对方也说服不了自己。当我们一直用上限思维去进行人际交往的时候，身心都会非常疲惫，因为你一旦使用了这种思维去与人交往，那你就是没办法知道该怎么做怎么说才能满足对方。

长期以上限思维来进行社交活动，会在潜移默化的过程将自己无法满足对方视作自己的缺点，认为是自己能力不足，沟通技巧不高才不懂得异性，因此无法拥有一段完美的恋爱关系。如果读到这里你发现自己有上述这些想法，一定要全部抛弃，这种自责不但不能够使你获得更好的社交关系，反而会让你陷入一个无限自责的循环之中，长此以往你就会变得越来越自卑，从不知道该怎么和异性相处发展成为害怕与异性说话、害怕和异性交往。

在这一章节中我想要教会不知道该如何与异性建立良好的关系的人该如何与异性相处。

首先我们一定要明确一件事，那就是无论是在与普通异性的社交过程中，还是与伴侣的恋爱交往过程中，我们其实只需要满足对方的下限就可以了。简单来说，就是保证对方所说所做都有回应，而我们无论做什么说什么都不会让对方感到反感感到无礼，你想怎么说怎么做都是可以的，都是正确的，要拿出自信来。你要明白，在社交过程中，及格其实对于对方来说就是满分了。当我们学会使用下限思维去回应对方的时候，你就不必再担心不知道说什么，不知道做什么了，因为你想到什么就可以说什么，想到什么就可以做什么，前提是不侵犯对方不伤害对方，这样你不仅可以自由地表达自己的意愿，还不会让对方感到不愉快。这里我想肯定有很多朋友就想问了，那怎么样说怎么样做才叫不侵犯对方不伤害对方呢？其实大家大可不必担心，因为在文明社会长期受到良好教育的人类，基本上其本能都是知道什么叫伤害什么叫侵犯的，如果你实在不知道，你就代入自己，如果对方这么说这么做你会不会感到自己受到了侵犯或伤害，如果没有那你就可以这么说这么做。我们试想下，如果一个人一直按照上限思维去说话去行事，那么其是不是相当于失去了自由，而且无论他和谁说话交往都是不能够充分表达自身意愿和感受的。我们在女性情感误区那一章里就告诉过大家，一定要活出自我，要展示自己、表达自己，才能让别人真的喜欢上自己。

试想一下，一个不自由的灵魂无法表达自己内心真实想法，又怎么能够去获得真爱呢。我发现那些习惯于使用上限思维去经营感情的人，往往都难以快乐，因为他们很容易因为一件极小的事情而难过。而导致其有这种思维方式的原因往往也很简单，他们一般是从小生长在一个父母情绪经常反复变化的家庭中，从小都会因为不知道说错什么话做错什么事而惹得父母不开心了，于是活得小心翼翼，经常会为了让父母开心而说话做事，并且一定要让父母感到满意、开心后才觉得自己是安全的。这样的性格来自原生家庭，但我们要明白这并不是你的错，我们要在后半生的生活中不断提醒自己，我不需要取悦任何人，只要不伤害任何人我是可以想说什么就说什么，想做什么就做什么的。

接下来我们分析一个实际案例，当面对异性的无礼要求自己不想满足对方又不知道该如何回应对方时到底该怎么说怎么做？比如我们上述案例中的小唐，他经常会在微信群聊中去加异性，但经常会碰到这种女生，刚加上好友就问他要钱"能发个红包再聊天吗？"小唐不止一次问过我，刚认识就让我发红包的女生，我不想给她发钱又想和她聊天该怎么办？当然我是非常不鼓励用钱去与异性建立联系的，一般遇到第一次认识聊天就向你提要求的异性时，最好是赶紧跑，不要再继续了。但小唐不甘心，他下意识觉得自己应该要回应对方，而且想要回应得让对方满意。这不免让他感到纠结了，心里明明知道对方不是什么好人，想要和对方聊天但又舍不得给钱。

大家看到这里应该也明白了，如果我们用上限思维来思考如何回应这个女生就会发现，我们好像无论说什么都不能满足对方，因为对方的目的就是要钱，也就是说除非我们真的打钱给对方，其他做什么都无法满足对方。那么我们换个思路用下限思维去回应对方，你们就会发现答案就很简单了，我们只要遵循不侵犯对方、不伤害对方的方式就可以回应对方。

首先是可以排除掉几个可能会侵犯到对方、伤害到对方的回应，比如"第一次见面你就问我要钱？这么不要脸。"这显然是带有骂人成分的，虽然对方行为非常无礼，但我们的目的是想要学习如何很好地应对这种要求。所以如果你是像小唐一样虽然不想给对方打钱，但还是想和对方在往后可以正常相处，不想聊一次就和对方老死不相往来，也不想和对方撕破脸皮的话，那么你就不要这样回应对方，当然如果你觉得自己很厌恶对方这种行为，以后也不想再和她聊天了，那么你其实想骂也是可以骂的。你要觉得爽快的话也挺好，但是我们都知道无论是骂人还是打人，你都是需要承担一定的后果和责任的。我想可能有的朋友遇到这种情况还会问出"你为什么要管我要钱，我是你的男朋友吗？"这种话，其实这样的回答看似没有骂人其实也算得上是侵犯到对方了，并且言语中是带有一定的攻击性的，所以说如果你之后还想要和对方聊天就不能采取这样的回应方式。那么有的朋友就要问了，这样回答也不可以，那我就跟她装傻，我东扯一句西扯一句，也不算是侵犯对方也没有无礼，而且我也想说什么就说什么了可以吗？比如对方说："能够给我发个红包吗"，我就说："今天天气真好"，对方问我啥意思，我就回答："我今天穿的白色，你穿的什么颜色？"这样的装傻东扯西扯虽然算不得上侵犯对方也没有出现无礼的行为，但是对方会认为你在无缘无故装傻充愣，后面自然也不会搭理你了。所以这样的回复显然也是不能够帮助你建立与对方的长期联系的，那我们到底该如何回答呢？其实你完全可以向她表达自己真实的内心想法，比如"刚加上微信就要红包，我不认可也不接受这种行为"又或者是直截了当地告诉对方"我不愿意""我不想"。这样我们所回应的话就没有一句是侵犯到对方也没有一句话是无礼的，如果你这时候觉得发钱才能聊天你不能接受，却还想要继续聊天，认为她作出这样的行为应该是有什么误解的话，你还可以说："不好意思，我就是看到你在微信群聊里的发言了，我比较感兴趣，所以加你想来认识一下，我没想到跟你聊天还要花钱的。"你甚至还可以针对她这种要钱的行为适当地进行一下讽刺但仍然保持礼貌，比如说"不好意思，我只是想认识一下你，觉得你很有趣，但我不是想来买东西的。"其实很多人都会有像小唐这样的问题，但在我看来这些问题很多都非常简单，非常浅显，但仍然会有人不知道该如何应对、如何处理。所以借此机会就在这里和大家再聊聊这一问题，我们该如何在与人相处时判断对方的上限和下限。

　　简单来说，人的上限就是有所能为，而下限则是有所不为。在与人相处的过程中，一般关系我们通常需要看对方的上限是什么，而亲密关系则需要看对方的下限是什么。当然最重要的还是要不断提高我们自身的上限和下限，人心如大海深不可测，我们肉眼所看到的事物毕竟是有限的，并且眼见也并非真实，好在我们生长于法治文明社会当中，一切行为都有法律公证，所以我们只要不把刀子交给他人就好。话说回来，要判断一个人的上限和下限是需要与这个人密切交往的，并且在交往的过程中逐渐去了解这个人。

男人的下限决定女人的上限

　　我们先来看一个案例。一个 26 岁的女生小茹，毕业后被分配到了家附近的单位工作，父母离得近，工作稳定，收入稳定，可谓生活是相当幸福了。但小茹从小到大都是老老实实学习的孩子，一直都没有恋爱的经历，因此参加工作多年也没有与男生交往过。这可急坏了小茹的父母，于是小茹每天除了上班休息剩余的时间都忙着参加各种亲朋好友安排组织的相亲活动。在这些亲朋好友的帮助下，小茹认识了一个比她大 4 岁的男性小张，小茹原本以为在亲朋好友三姑六婆中条件良好脾气也佳的小张会是自己未来的归属。但与小张相处下来几个月之后小茹渐渐发现事情好像并不是那样，因为她发现小张有一个非常明显的缺点，那就是胆子特别小。小到什么程度呢？两个人周末约好一起去玩密室逃脱，小茹平时就爱看鬼片，所以她就带小张去了当时非常出名的长藤鬼校，结果到了密室门口小张就不愿意进去了，后来在小茹的劝说和 NPC 的带领下小张才颤颤巍巍地走完密室。从那天后小茹就觉得小张胆子太小不能给她安全感，并向所有的朋友吐槽了这件事，但当时大家都劝说她，小张人品没问题，对你也挺好的，不是每个人都不怕鬼，鬼片有些男人都很怕的，正常。小茹想了想觉得朋友们说得也很有道理，鬼屋这种事情确实也不是每个人都敢进的，于是她也很长段时间没有提过这个问题。就这样小茹和小张又很和谐地相处了一段时间，小茹对小张的感情也越来越深，两个人也开始策划结婚事宜了，这时小茹看到网上说，要判断男友是否合适自己最好就跟他去旅游。于是她就约小张一起去张家界旅游，原本以为这次旅游是两个人的婚前试爱，结果没想到两个人旅游刚回来，小茹就气鼓鼓地说要和小张分手，而且是必须分手。这可急坏了小茹的父母朋友，在大家的追问下小茹才道出原委。原来他俩到了张家界之后把行李放到酒店就准备开开心心地去景点玩，路线两个人也提前规划好了，结果在去往景点的公交车上，有个男人站在小茹的后面，并用下体不断磨蹭小茹，想要猥亵小茹。小茹吓坏了连忙给身边的小张使眼色，结果让小茹大吃一惊的是，小张看了看猥亵小茹的男人后又低下头看手机了，甚至后面小茹怎么拉扯小张他连头都不抬一下。小茹说那一刻我觉得从头到脚像是被人泼了一盆凉水，但我又马上冷静了一下，认为小张可能是觉得旅游在外不要惹火上身所以才没有马上搭救我，于是我拿出手机给小张发微信说我们不要惹事，不要和这种人发生冲突，你站到我身后来挡住那个人对我的骚扰就好了。结果小张收到微信就看了一眼，然后又把手机放回了兜里，装作什么事情都没发生的样子继续无动于衷。小茹这下彻底心凉了，于是还没等公交车开到景点就马上下车，打车回到酒店收拾东西准备回家，途中小张打电话劝阻她，可是她根本不想理会，直接就订了最早的航班回家了。听到小茹的理由后，大家都没有再劝阻小茹分手，可即使分手很久了小茹也十分不明白，为什么平时相处得挺好的人，之前的相处过程中也从来没有和小张发生过争执，为什么小张会这样对她。即使是小茹挤破脑袋想，也没有发现有什么特别的事情导致小张做出了这个举动，他的行为就如同小茹最初所说的那样，没有什么特殊的理由只是因为他的胆子太小了。

听了这个案例很多女性朋友可能都非常生气，但我写这个案例并不是要和大家一起讨伐小张这样胆怯的男人，目的也不是和大家一同去分析这个男人不去帮助自己女朋友的理由，这些都不是本章的重点内容。在这里举这个例子是想说明恋爱时女人要认清男人的下限，如果这个下限是自己不能接受的，任他有多少优点也要果断放弃。

下面我们再来与大家一起谈谈择偶观，想必大家经常会在相亲相爱一家人中收到来自母亲、父亲、三姑六婆等亲友的情感文章推送，这类文章标题基本都大同小异，无非是告诉女孩子该怎么选择男性，要嫁给什么样的男人才会幸福。比如有人会说一定要嫁给成熟大气且稳重优秀的男人，也有人会说要嫁给那种体贴顾家的男人，反正这些亲朋好友会将自己认为正确的择偶观推荐给你。

但从这些择偶观来看大家发现问题没有，大部分人的择偶观都是在诉说对方的优点。换言之，大部分女性在选择配偶的时候都是根据对方的优点来做出选择的。这样乍一看好像并没有什么太大的问题，但经不住仔细推敲，我们大部分人都是普通人，优点这个东西也是摆在表面上的好，但是缺点却往往被我们藏在了暗处。一个人的优点可能会决定你在这段感情中会不会锦上添花，但一个人的缺点会直接关系到你是否安全。

一个人首先要保证自己的人身安全后才能够不断锦上添花。做什么事都要一步一步地来，做好第一步再去考虑下一步该怎么做，而这个世界上有太多的人都只看到后面的步骤，甚至有的人压根就没有第一步这个概念。我们无论是对待感情还是对待生活和工作，最终导致我们出现生命安危问题的往往都是人性的最下限。所以我们在考虑是否要与对方建立一个舒适完美的两性关系前，最应当要考虑的不是对方到底有多优秀，而是需要考虑到他最坏的时候能有多坏。不仅是感情，对待事业和其他生活琐事也是如此。

很多心灵鸡汤会劝大家要多看看人性中美好的一面，不要过多关注于人性阴暗的一面，这句话看起来好像说得挺有道理，但其实非常反智。杭州保姆纵火案、浙江杀妻藏尸案，这些社会劣性事件层出不穷，导致受害者死亡的是人性的美好吗？真正对我们能够造成实质性伤害的往往是那些人性中的阴暗面，我们只有在平日里多去了解这些人性中阴暗的一面，才能有效地避开那些可能会威胁到我们生命的人。当我们平时要出远门的时候，深爱我们的父母都会叮嘱我们一定要小心，不要轻信陌生人，出门也要多留点心眼，注意安全。经常出门去旅游的朋友应该知道，很多美丽的自然风景区都会放有各种警示牌，警示游客注意安全。你看连景区都知道将潜在的危险告诉你，为什么换到人身上反而大家就不够警觉了呢？很多女性朋友遇到渣男后最常说的一句话就是，我原来真的没有想到他是这种人，我以为他很好的。"没有想到"这句话非常值得我们深思，女性遇到渣男后她们总结的原因往往是"没想到"，可是却没有人愿意思考为什么会没想到，绝大多数情况是她们根本没有去想过。我以为他很好这句话同样值得深思，我们通常说以为一个人怎么样时一般是建立在对方的优点之上的，以为他很温柔以为他很体贴，你以为他对你很好对你足够包容，你以为他不会在恋爱的过程中骗你，更不会出轨。这是你上了你丰富想象力的当。这也是我一直很疑惑的一件事情，为什么很多女性会在恋爱过程中把对方想象成一个完美的人，这些想象力到底是谁给她们的，是对方的优点还是你本身而萌发出的想象呢？一个人的上限决定了他能够到达的高度，而是否能和一个人相处则需要看他的下限。

我最近在读明史，发现了一个非常有趣的事情，陈友谅和朱元璋两个人心肠歹毒手段狠辣都是下限非常低的人，但为什么陈友谅偏偏就输给朱元璋了呢？两个人连出生都何其相似，朱元璋，原名朱重八，祖辈世代为农，从小给地主家放牛。陈友谅，沔阳渔家子也。少读书，略通文义。一个放牛娃一个捕鱼娃，家庭都十分贫穷，但陈友谅比朱元璋好一点，起码他少读书略通文义，至少文化起点是比朱元璋高很多的。陈友谅死于鄱阳湖与朱元璋的决战，当然他战败的主要原因是犯了跟曹操一样的错误，那就是将水上战舰连在一起被朱元璋火烧了。但我们通过陈友谅战败朱元璋这件事还可以看到一个问题，我们先来看陈友谅的发家之路，"十七年九月，文俊谋弑寿辉，不克，奔黄州。时友谅隶文俊麾下，数有功，为领兵元帅。遂乘衅杀文俊，并其兵，自称宣慰使，寻称平章政事"。陈友谅的第一次发家是建立在背信弃义之上，我们知道古时候的人都非常有气节，元军攻下南宋后，文天祥被捕后依然募兵勤王，希望凭借自己的力量去拯救这个已经奄奄一息的国家。元朝将士们那是用尽了手段也无法使他屈服，就连元朝皇帝忽必烈都被他的道义所折服，亲自到监狱里去审问，文天祥一心就死绝不投降，连就义时都要朝着南方自己曾经的朝代拜上一拜再死，当时全国的老百姓被文天祥的道义感动得一塌糊涂。所以整个时代百姓和将士们都是非常崇拜讲道义的人的。我们再看陈友谅，第一次就职就杀死了自己的老板，这个时候他本性的残暴已经渐渐凸显了，后来"挟天子寿辉东下，攻太平，太平坚不可拔，乃引巨舟薄城西南。士卒缘舟尾攀堞而登，遂克之，未几，友谅弑其主徐寿辉，自称皇帝，国号汉，尽有江西，湖广地，约士诚合攻应天，应天大震"。挟持天子以令诸侯是很多朝代战乱时将帅喜欢玩的把戏，这种把戏在我们现在看来非常虚伪，大家都知道你想做什么，搞这些表面功夫干什么。但是这招放在古代那就是所有将帅想要称王的必经之路，曹操挟持天子多年属下劝了又劝他也没敢称王，是他不想吗？古代人称帝讲求一个顺应民意，并且需要天时地利人和，那必须是在文武百官百般劝告做足了戏份后才能不情不愿地称帝。陈友谅的死对头朱元璋也干过这个事情，但是朱元璋比陈友谅高明多了，朱元璋称帝前是遣人到应天去接自己当时的上司，也就是我们说的天子——小明王，结果朱元璋的手下就很会看脸色，在小明王回来的路上制造了一场交通事故，让小明王尸沉湖底，这才让朱元璋顺理成章地登基了。陈友谅想当皇帝是没错，错就错在他毫不掩饰地当了这个皇帝，在天下分崩离析之际，他的对手朱元璋、张士诚都还没有死的时候，他选择把这个天子给杀了。弑君在古时候可是大罪，陈友谅这一举动就是在告诉全天下的人包括他的手下，我是个心狠手辣没有下限的人，所以后来他战败或是因为鄱阳湖下午的那一场风，又或者本来就是因为陈友谅在得到天下之前提前让天下人看到了他残暴的一面所以不得人心者终归是难以成为最后的赢家的。有人说朱元璋的残暴也不亚于陈友谅，朱元璋也是非常凶残的角色，但他的高明之处在于没有当上皇帝前他没有向世人展现这一面。给大家讲这个故事的意思是：从古至今我们中华民族的儿女都明白这个道理，下限过低的人不要与之交往，否则吃亏的是自己，轻则损失点钱财，重则家破人亡。

接下来我们再说说本章想要为大家明确的第二个道理，在选择伴侣的时候，我们先选择框架，然后再逐一看细节。看到这里肯定有人会问了，什么是框架什么又是细节呢？所谓框架其实就是你对一个人的一个大致方向评价，比如有的女生喜欢温柔的男性，有的女生喜欢学识渊博的男性，有的女性则喜欢热情开朗的男性。这些就是我们择偶的一个大致框架，我们确定了自己的择偶大致框架后再慢慢向这个框架里面去补充细节，而很多女性经常在恋爱的过程中忽视了框架和细节的主次地位，为了对方的几个优点细节而放弃框架，最终导致恋爱走向失败。

这里不得不提一个例子，我之前认识一个姑娘，她最初给自己设置的择偶框架就是对方的原生家庭一定要和谐，因为她认为原生家庭和谐对一个人的影响非常大。她遇到一个男生各个方面都非常符合她的心意，但这个男生的原生家庭却非常不和谐完全不符合她择偶的框架，感性占据了姑娘理性的上风，她还是选择和这个男生在一起了。后面的事情就如大家所料，这个男生在交往过程中成日都需要赶回家去解决父母的争吵，中途姑娘想过要分手，但总是因为男生做出的种种小事情而选择原谅这个男生。但这并不能改变这个男生原生家庭不和谐的问题，后来姑娘还是因为耐不住男生原生家庭的折磨而跟这个男生分手。

这就是典型的细节占据框架上风的案例。我们从这个姑娘的案例中要明白一件事情，当我们决定了对另一半的框架标准后，就一定要坚持框架，不要因为其他的细节就改变我们最初择偶的框架。比如你起初设置了一个温柔男生的择偶框架，那无论后期男生对你做了再多令你感动的细节，他脾气暴躁那都不能选择他。反之，如果一个男生可能各方面细节做得不够好，但是他就是脾气非常温柔，完全符合你的择偶框架，那么我们可以试着与他在交往的过程中去丰富他的细节。

总而言之，要确定框架后再选择细节。细节必须依附在框架之上，如果框架都不稳定那么再好的细节都不能依附其上。俗话说得好，细节决定成败，为什么到这里反而细节要放在框架的后面了。因为婚姻本身就是一件不需要太过于在乎细节的事情，因为婚姻的本质是经受不住种种细节的考量的。如果硬要对细节进行考量，那么现实中大部分夫妻可能都会离婚。在男女双方处于热恋期和暧昧期的时候，细节就好比是真金是非常能够经受住考验的，因为两个人甜蜜之时眼里都只有对方，愿意为对方牺牲愿意为对方付出。但你要知道要和一个人组建家庭，那么肯定两个人都不会一直处于一个热恋甜蜜的状态。

所以说如果你在最初择偶的过程中更加倾向于对对方细节的考量，那么走进婚姻后你就会发现，在框架面前两个人的细节实在是经不起考验。因此单凭细节而结婚的婚姻是远远没有一开始就看框架的婚姻走得更长远走得更稳定的。婚姻的特质就是如此，所以不要抱怨，即便是那些血亲骨肉也都是经不起细节的考验的，所以我们也应当在与伴侣相处时尽量弱化细节，要做到不拘小节，这样才能真正调和双方的关系。

道理虽是如此，但细节决定成败也有它的道理，当年大火的电视剧《裸婚时代》不就有一句话叫作细节打败爱情吗？但这一切都有一个前提条件，那就是需要由当事人双方确定一个大致的发展方向，在这个过程中所有的细节无论精致还是粗糙都能够起到一定的作用，这个作用可能是正向的也可能是负向的。框架好比是方向，没有方向细节是翻不起什么风浪的。

所以广大女性都应该将择偶的大致框架放在首要位置，并且越是感觉自己普通的女性就越是应该为自己的择偶设置框架，这样说可能会有点扎心，但确实是如此，具有足够能力的女性是可以随意取消择偶框架的，但普通女性不行，因为普通女性在恋爱中的试错成本太高。

现实中有很多女性将人生的法则搞反了，你们有没有发现，往往是那些没谈过几次恋爱很弱势的女性活得很梦幻，依旧固执地认为现实存在白马王子来营救她。而现实却是女性越弱势就越应该务实，这样才能在有限的条件里为自己创造更美好的生活。而越强势能力越好的女性则可以活得越梦幻。反正大家一定要结合自己的实际情况，有目的地选择伴侣，这样才能保证自己不受到伤害。另外，无论大家对伴侣的框架是什么要求，温柔也好有才华也好，都一定要坚守一个最基本原则，那就是千万要远离那些有暴力倾向的男人，也尽可能不要去接触那些素质和教养都极差的男人。

我知道有很多女性在找对象的时候经常只考虑对方是否对自己好，或者只考虑对方是不是自己喜欢的类型，至于对方的人品怎么样一概看不到，用自己的幻想去对待对方，很多女性吃亏也就在这里。在实际的婚恋过程中，一个女人能不能过得幸福，是否会在恋爱过程中受到伤害，主要是取决于她所选择这个男人的底线，也就是下限，如果你无法分清楚一个男人在品行方面的好坏，那么你可以从他的性格来看，因为一个人的性格往往和他的品行相关。有很多女性朋友喜欢问我一个问题，那就是找对象到底该找什么样的，有什么禁忌。我也经常会告诉这些女性朋友，选择男性首先就是要看对方的性格。因为人品在日常生活中你是很难看得出来的，而性格却随处可见并且是难以隐藏的。什么样的男人才叫性格好呢？

我认为首先是没有暴力倾向，无论是语言还是行为，在日常生活和工作中他都不容易与人发生争执。这样的人性情一定是温和的不容易发怒，那么你们在以后的相处过程中这个男人也自然不会轻易因为生活中的小事情而向你发火。还有就是要具备一定的胆识，这里我说的胆识并不是要鲁莽什么都不怕，而是在面对恶势力的时候能够无所畏惧，懂得关心女性能够体贴女性，具备良好的道德修养；等等。因为与这样的男人交往，即使你们到最后没有在一起或者是不相爱了，那么他也不会伤害你，至少会将对你的伤害降到最低。而决定两个人的婚姻是否能够长久其实是需要从大局方向来考虑的，即使我们所选择的婚恋对象是一个修养极好勇敢有才华有能力的人，但也并不能够保障你们的婚姻就可以到永远。所以各位女性一定要记住，选男人要看他的大局，要看对方的下限，这样你才能最大限度地降低自己可能会在婚恋生活中受到的伤害，锦上添花固然重要，可人性中最难能可贵的却是雪中送炭，在面对危险的时候需要看他是否有为你挺身而出的勇气。

完美关系

所谓完美关系其实并没有大家想象的那么难以获得，大家要知道和一个人最好的相处方式，其实就是虽然亲密但却能够保持一定的距离。在保持距离的同时，两个人还可以将自己内心深处不能与很多人诉说的东西告诉对方。将内心深处的想法告诉对方后也不会期待对方能够给出什么中肯有意义的建议，不想因此将负担转移到对方身上，只是想把内心的真实想法告诉对方，让压抑已久的情绪得到释放。很多人都想要拥有这样的爱情，但是实际上似乎每个人都走在忐忑的道路上，似乎现代人已经处于一个无法完全向对方袒露心扉的世界中，这似乎是现代社会发展所必然的走向。看起来似乎是现代化社会发展改变了我们希望生活的世界，但这也未尝不是一个好的世界。

人世间有很多种情感，这些情感交织在一起时，你可能会觉得十分复杂，这其实原因在你自己。因为你所处的状态可能是一个急功近利的状态，在佛学上叫作业障。我们之所以很难从一段感情中轻松地脱身，大多数原因是我们对这段感情倾注了太多，因此将所有的希望都放在了对方身上，最终造成的结果就是期望越大失望越大。

现在男女在相处的过程中存在一个很大的问题，那就是双方熟悉之后就会给彼此一个代称。就觉得对方是男友、女友这样一个角色，甚至还会代替对方做一些决定，决定对方的未来。这显然是错误的，一旦你们有了这样的想法，那么注定在将来的某一天栽跟头，并且会栽得满身都是血。这是我们每一个人都需要学会的东西，那就是噬蜜。很多人都懂得这个道理，但一进入恋爱状态后就会马上忘记，只有等残酷的现实到来后才能意识到自己的问题。

我们在对待两性相处问题的时候，其实可以参考古人那套做法，就是相敬如宾。有的人自始至终都没有明白这个道理，再相爱再亲密的两个人之间都是需要注意分寸的。即使是亲密无间的两个人也是两个独立的个体，都拥有不同的思想和三观，因此两个人在一起时一定不要强求谁必须去包容谁，谁一定要低头。不要为了维系感情而妥协，在感情中如果一方一直在妥协，那么这段关系就面临着崩溃。

既然大家都知道男女是来自两个不同星系的物种，因为互相产生了好感和情愫才走到了一起，那么你们两个人之间需要升华的东西就是感情，感情本身就是非常纯粹的东西。虽然有些感情夹杂了一些利益，但无论是否存在其他东西，不可否认人与人在感情相处过程中都是会收获愉悦和开心的。每个人都有自己独特的价值观，所以不要要求别人和你一样，在发现对方的价值观和自己存在不同的时候也不要强行申辩。

在普世价值评价体系中，任谁都可能会是无耻小人，没有谁会是一定高尚的。成人的世界不是非黑即白，或许在这个世界成立的最初时刻它就并不具备黑白分明的属性。所以你自己的感受也只有你自己最清楚，你感觉到了舒服或者是别扭都是你最直观的感受。如果在一段感情中你经常感觉到别扭，且这种感觉比你感觉舒服的时候更多，那这段感情并不适合你，你不如当机立断。

这几年有很多学员一直问我什么是完美的两性关系。从我个人观点来看，完美的两性关系体现在生活中的方方面面，它不仅代表着两人相处的融洽和谐，还代表着包容。

第一是双方在相处的过程中一定要学会反思自己的行为。曾经有个学员在学习课程后表示，自己改变后男友成功回心转意。很多人可能会觉得挽回的感情就不好了，就不纯粹了。其实真正的完美关系并不代表两个人没有分歧没有争吵，有时候很多人发现伴侣跟自己出现分歧了，或者两个人之间有隔阂了，宁愿分手再找下一个也不愿意去挽回重新补救这段感情。感情出现问题第一时间不是想到去弥补，而是想要逃离。这也是为什么现代社会离婚率那么高，因为大家都很任性。谁又能够真正保证找的下一个人不吵架感情就不出现问题呢？

如果你总是在感情中出现问题，那么请你试一试我的办法——学会反思自己并告诉对方。首先我们是可以犯错的，在任何一段感情中没有人敢保证自己不犯错。那么我们该如何保证在自己犯错的情况下不伤害对方，让对方可以原谅自己呢？那就是要反思，你做出了伤害对方的举动或者说了什么让对方伤心的话其实都没关系，有时候我们在愤怒和激动的时候难免会出现这些问题。但是我们一定要反思，反思自己刚才的言行是否存在不妥，对方是不是真的犯了不可原谅的错误让我们这样数落对方。然后将自己反思所得的结论告诉对方，记住这一步一定是最关键的。

以前就有学员给我说，老师我反思了可他为什么还是执意要分手啊？我就问她，你反思后将结果和问题反馈给对方没有，答案是没有。我笑着给她说，对方又不是你肚子里的蛔虫，既然你知道自己说错话了做错事了，也进行了反思，为什么不告诉对方呢？你不告诉对方，那对方就不会知道你反思过了，不愿意继续和你相处是必然的。比如说，女生在激动的情况下说出了非常伤人的话，和男友就此冷战。事后女方反思自己觉得自己说话确实有点过分了，对方接受不了也是正常的。那么女方反思后就可以这样向男方说："亲爱的，对不起，我刚才反思了自己，觉得自己确实不该对你说出这么过分的话，亲爱的原谅我好不好？"我们必须在反思后告诉对方自己确实已经知晓了自己的错误，并且要给对方搭建一个台阶，让对方可以顺势而下。这样即使对方当时确实有被你伤害到，但是也会被你真诚的反思和认错而感染到。

第二是不要要求对方为你做出改变，也不要刻意地为对方做出改变。我一直在课程中向学员强调，无论我们想和谁在一起，想要拥有一段怎样的恋爱关系，我们必须先明白一个道理，那就是每个人都是独立存在的个体。我们首先是作为一个人，其次才是别人的伴侣，别人的儿女。任何时候你都是独立的个体，任何时候我们都不能放弃自己独立的人格。要时刻记住自己是这个世界上独特的一个存在，我们没有必要为了谁去特意改变自己。有些学员可能就要问，那不是你之前说要为对方改掉自己错误的行为吗？对于一些错误的言行我们本身是可以改变的，但是对于我们本身拥有的一些特点则不需要为任何人改变。比如对方喜欢大眼睛的，你是小眼睛，那么你就不必为了对方去整容成大眼睛。对方喜欢瘦子，你也不必特意要为对方减肥成为瘦子。当然我们也不要去要求对方改变，即使是要改变，双方也是要自己意识到自己的问题来改变，两个人都是朝着好的方向发展而不是为了取悦对方而改变。

第三是要经常沟通。很多情侣在一起久了就发现好像彼此之间没有那么多话说了，于是干脆就不沟通了。时间一久，两个人感情就越来越淡。这是很多人经常会出现的问题，恋爱时间一久就忘记了沟通。在一段恋爱关系中，沟通是两个人必须做的事情。在沟通中我们可以将自己的想法告诉对方，也可以听一听对方的看法。

　　第四是不要任性也不要计较，切忌以自我为中心，不要自以为是，要学会知足常乐。很多女生喜欢撒娇喜欢发脾气，这些在恋人眼中可能都是可爱的体现。但是如果一味地以自我为中心去折腾对方，那不仅不能让对方感觉到你很可爱，反而会让对方感到疲惫，并且只想尽快脱离你、远离你。另外就是恋爱中的花钱问题，有很多女生认为男生给女生花钱天经地义，并且还有这样一个结论"给你花钱的男人不一定爱你，不给你花钱的男人一定不爱你"。这句话虽然有一定的道理，但并不能作为女生要求男生给自己花钱的理由。尤其是两个人还没有结婚前，男生确实也是可以负担两个人外出游玩的开销，但是作为一个独立的个体。女生也不应该将所有的负担全部都放在男生一个人身上，比如两个人在一起的时候，男生为女生买了很多礼物，那么女生也是需要付出一定回报的。每次对方为自己花了钱也一定要向对方表示感谢，不要认为这就是理所应当的。

　　第五是不要只知道向对方索取而不付出，要明白感情是双方共同经营的，不是一个人的单方面付出。比如对方为了你放弃一些机会并做出改变的时候，你一定要给对方回应。表示自己已经感受到了对方的付出，并且也愿意为对方付出。

第六是要经得起平淡也经得起荣华。爱情的一开始可能是两个人产生了浓厚的感情，两个人在一起的最开始难免会有很多话很多事情要做。两个人正处于浓厚的感情发展阶段，因此双方都非常有激情。但激情褪去后两个人就会回归平淡的生活，平淡的生活可能会让你们都冷静下来。有些人一生都爱追求刺激，难以满足平淡，所以这类人一生都在追求真爱，看似对真爱特别向往，其实是找不到真爱的。真正的爱情就是在平平淡淡中两个人相互扶持成长，如果两个人只能过那种轰轰烈烈的日子，受不了平淡的生活，那么也不能成为完美关系。

第七是要多褒奖对方，少诋毁批评对方。这一点我在前面也反复强调，不要一味地指责对方，要多发现对方的好，即使对方做出了让你难以忍受的行为，也先要压制着自己的情绪，心平气和地告诉对方自己的想法，希望对方改正。而不是都还没有沟通就先把对方数落一顿，想一想大家都是独立的个体，没有谁有义务去承担你的情绪，换位思考一下就能够体谅对方的过错了。在相处中若是发现对方的意见和自己有不合，先不要忙着辩论，多冷静一下。

第八是要给对方和自己都留有一定的空间，换句话说就是要抑制住自己的掌控欲望。有些人平时也很注重人与人之间的分寸感，但一旦谈起恋爱就什么也顾不上了。一门心思想要掌控对方的所有行踪，这样并不会让对方感觉你有多爱他，反而让他感到压抑和窒息。而且即使我们再爱一个人也不要在恋爱中迷失自我，也要给自己留下足够的空间去发展，要知道你的生活可不只恋爱，还有很多事情可以做。你在为自己花时间的同时，其实也是在提升自己向对方展现你的魅力。

第九是学会换位思考，尤其是要站在对方的立场和角度去想问题，不轻易指责谩骂对方，理解对方的难处，多开导对方。对方遇到困难情绪低落的时候要逗对方开心，多关心对方。

第十是在恋爱关系中也需要道歉和感谢。很多人怕矫情，对于亲密的人，比如父母和伴侣的时候很难轻易开口对他们说谢谢。这其实是很错误的一种思想和行为，即使对待亲密的人，我们在获得对方帮助的同时也非常需要让对方知晓自己是感恩的。我们伤害了对方也需要让对方知道自己是抱有歉意的，这是非常有必要的。

以上十点完美关系准则可能说起来很容易，但做起来确实很难，需要我们努力去做，两个人走到一起，未来的生活是双方共同的生活，所以是需要双方共同努力经营的。缺少任何一个人的生活都不再是生活。或许有人会说，难道必须和对方一起生活吗？两个人相处不融洽我就找下一个。是的，虽然社会给了我们很多选择，你可以在与对方生活不如意的时候换一个目标。但无论你选择了谁，还是说选择自己一个人生活，只要我们是在生活就必然会遇到各种各样的麻烦和问题。有了问题我们需要去解决，有了伴侣遇到问题就需要双方共同去面对去解决。如果两个人遇到问题只靠一个人去解决问题只会让彼此感觉更加辛苦。在我们生命中出现过的每一个人都是过客，我们要珍惜善待每一个路过我们生命的过客，因为总有一个过客会陪你走完你人生剩下的路程。

很多学员在上课前都有一个问题，那就是真的有必要去特意维系一段感情吗？我的答案是非常有必要，在《小王子》中，小王子能够面对一整座玫瑰花园丝毫不心动，但是却难以忘记曾用心照料过的那一株算不上完美的玫瑰。其实对待感情我们也一样，只有对一个人付出了真心，才会留下深刻的印象。小王子之所以对那株不完美的玫瑰产生感情，是因为他对待那株玫瑰与其他玫瑰所付出的热情和关爱都有所不同。我们对待感情也是一样的道理，要么向对方付出关心和陪伴，要么就给予对方足够的物质支持，这样两个人的感情才能够不断稳固，否则两个人都只会渐渐消失在彼此的生活之中。

以前看美剧《老友记》时我非常喜欢莫妮卡和钱德勒这一对恋人，钱德勒对莫妮卡非常宠溺，可以说是到了言听计从的地步，而莫妮卡对钱德勒也十分包容和理解。钱德勒对和莫妮卡的这一段感情一直持有一种非常恐惧的心态，莫妮卡就不断安慰他，爱情是两个人陷入热恋，然后共同去经营这段关系。你看，即便是电视剧中的爱情也没有任何关系是从一开始就是非常完美的，很多人想当然地认为自己什么都不做，这段关系也不会发生改变，理所应当地什么都不做。很多学员抱怨，在家里吃饭的时候饭桌上大家都是死气沉沉的，都是各吃各的饭，互相之间没有什么交流。我很多朋友都说自己家也差不多，一家人如果都没有人主动聊天，那么就需要有一个人站出来活跃调节气氛。

我朋友就是这样一个十分善于调节气氛的人，我经常会问他每次都是你站出来调节气氛，不会感到很累吗？我朋友说确实也会感觉有点累，但是如果我什么都不做的话，家里人的关系就会越来越远。最完美的关系也是如此，应当是双向奔赴的。只有用心经营关系的人，才能获得最完美的关系。

附录　潇邦语录

1. 诚实、有趣、性感、自信，是爱情吸引力的黄金法则。

——潇邦

2. 一切问题都是心态问题，只要心态强，可在求爱中化逆为顺。

——潇邦《吸引家的诱惑术》

3. 只有去爱才能获得被爱，而爱的方法，比爱更重要！

——潇邦《手把手打造你的吸引力》

4. 幸福的捷径，就是学会正确的、有魅力的求爱方法。

——潇邦《真爱计划》